NORTHUMBERLAND
TYNE & WEAR
Newcastle-upon-Tyne
Penrith
DURHAM
Darlington
CLEVELAND
NORTH YORKSHIRE
Scarborough
Ripon
Harrogate
York
HUMBERSIDE
WEST YORKSHIRE
Leeds
GREATER MANCHESTER
SOUTH YORKSHIRE
Sheffield
CHESHIRE
DERBYSHIRE
LINCOLNSHIRE
NOTTINGHAMSHIRE
Stoke-on-Trent
Nottingham
Derby
Cromer
STAFFORDSHIRE
15
King's Lynn
Norwich
17
LEICESTERSHIRE
NORFOLK
Gt Yarmouth
Wolverhampton
WEST MIDLANDS
Birmingham
Leicester
20
Warwick
NORTHAMPTONSHIRE
21
CAMBRIDGESHIRE
22
Cambridge
Bury St Edmunds
WARWICKSHIRE
Northampton
Stratford-on-Avon
SUFFOLK
BEDFORDSHIRE
Royston
Cheltenham
14
Gloucester
Colchester
BUCKINGHAMSHIRE
HERTFORDSHIRE
ESSEX
GLOUCESTERSHIRE
13
Oxford
OXFORDSHIRE
16
St Albans
Chelmsford
GREATER LONDON
1
Bristol
Bath
BERKSHIRE
Reading
Windsor
Marlborough
8
WILTSHIRE
Maidstone
KENT
Canterbury
SURREY
3
Guildford
HAMPSHIRE
Winchester
7
Crawley
Tunbridge Wells
10
4
Salisbury
19
WEST SUSSEX
Southampton
11
9
Chichester
DORSET
Dorchester
ISLE OF WIGHT

Peter Sager
Englische Gartenlust

Von Cornwall bis Kew Gardens

Schöffling & Co.

Für Elle
head gardener of my heart

Zweite Auflage 2000

Satz: Reinhard Amann, Aichstetten
Druck & Einband: Pustet, Regensburg
ISBN 3-89561-567-6

Inhalt

*The English, who are so introverted and cold,
express all their romanticism and passion
in their gardens. They don't do it through food
or sex but if you walk into their gardens
you can see it pouring out.*

Raymond Blanc

Flora im Kristallpalast

Kew Gardens

Mit der District Line direkt in den Dschungel zu fahren gehört zu den Vorzügen der Londoner U-Bahn. Da sitze ich also im Palmenhaus von Kew und versuche, mich an die feuchte Hitze zu gewöhnen. Plop. Plop. Träge tropft es von den Blättern. Hinter den Bananenstauden entfernte Stimmen. Ein Murmeln, ein Türenklicken, Stille. Wunderbare grüne Stille. Tropisches Inselglück, ohne Schlangen, ohne Insekten. Gefühl der Zeitlosigkeit. Cycadeen-Gefühle.

Neben mir in einem Holzkübel wächst eine Cycadee vor sich hin, seit 1775. Diese Farnpalme aus Südafrika, *Encephalartos altensteinii,* hält den Weltrekord für Topfpflanzen. Cycadeen haben alle Katastrophen der Erdgeschichte überlebt, sie wachsen langsam, kaum mehr als zwei Zentimeter im Jahr, das aber seit Millionen Jahren. Nichts ist beruhigender als der Anblick einer Cycadee. Immer wenn er Sehnsucht nach seiner Heimat hatte, damals im Londoner Exil, besuchte der Politiker Joshua Nkomo aus Simbabwe die Cycadeen im Palmenhaus von Kew.

Plötzlich das Gefühl anzuwachsen. Rasch aufstehen, die gußeiserne Wendeltreppe hinauf. Ich gehe die Galerie entlang, über den Wipfeln der Kaffeebäume und Rattanpalmen, wie auf einer Brücke über dem Regenwald. Unten leuchtet ein Hawaiihemd zwischen den Blättern. Eine Gruppe von Schülern schwirrt durch die Gänge. Dschungelgeschnatter. Mit einem leichten Zischen öffnen sich die automatischen Sprinklerdüsen und hüllen alles in einen warmen Nebel. So schwebt das Palmenhaus von Kew dahin wie ein kieloben treibendes gläsernes Schiff, voll von den botanischen Wundern der Welt. Fast hätte ich den Termin mit Sir Ghillean verpaßt.

Sir Ghillean Prance ist Direktor der Royal Botanic Gardens in Kew, ein schlanker Mann von 60 Jahren, grauer Vollbart, braungegerbte Hände, ein Feldforscher im Maßanzug, mit Brusttuch und Goldrandbrille. Promoviert hat er in Oxford über eine tropische Pflanzenfamilie, deren Namen ich nicht einmal richtig aussprechen kann. *»Chrysobalanaceae«,* sagt er, tänzerisch über die lateinischen Silben hüpfend. An der Wand seines Büros, neben den Porträts seiner Amtsvorgänger, hängt das Foto einer exotischen Blüte: *Gleasonia prancei,* eine der fünfzig Pflanzenarten, die nach Ghillean Prance benannt sind. Entdeckt und klassifiziert hat er etwa 450 Pflanzenarten. Für die Flora des brasilianischen Regenwaldes gibt es keinen größeren Experten als Sir Ghillean Prance. 25 Jahre hat er im Botanischen Garten in New York gearbeitet, dann kehrte er zurück nach England. »Jeder Botaniker träumt davon, Direktor von Kew zu sein, es ist die begehrteste Stelle der Welt. Aber«, fügt er hinzu, »Pflanzen sind meine Leidenschaft, nicht nur diese Institution.«

Jeden Morgen, noch vor seiner Büroarbeit, geht Sir Ghillean für eineinhalb Stunden hinüber ins Herbarium, um die Amazonas-Flora weiter zu erforschen. Und noch immer macht er alljährlich seine Expedition nach Brasilien. »Ich will hinaus zu den Pflanzen.« Das wollen auch seine 180 Kollegen. Etwa zwanzig von ihnen sind ständig unterwegs in den entlegensten Winkeln der Erde, um Samen und Pflanzen zu sammeln für Kew, die unersättlichste Botanisiertrommel der Welt. Wer sagt, das Zeitalter der Entdeckungen sei zu Ende? Madagaskar zum Beispiel: Da sollte einer aus Kew die Palmen studieren, drei Jahre später kam er mit 67 neuen Arten zurück. »Allein Palmen! Und nur auf Madagaskar!« Sir Ghilleans Bart vibriert vor Begeisterung wie ein Lianengeflecht im Tropengewitter.

Alljährlich werden etwa 2000 neue Pflanzenarten von Botanikern in aller Welt beschrieben. Im *Index Kewensis* laufen diese Informationen zusammen, seit mehr als hundert Jahren. Den Anstoß gab Charles Darwin, der Kew etwas Geld hinterließ, um alle Pflanzennamen systematisch zu erfassen. »Es gibt regionale Verzeichnisse, aber wir sind die einzige Institution, die für die ganze Welt verantwortlich ist.« An Kews Führungsrolle läßt Sir Ghillean, bei allem Understatement, nicht den geringsten Zweifel. »Unser Ziel ist es, jede Pflanze aus jedem Teil der Welt identifizieren zu können.« Doch was nützt soviel Spezialwissen, wenn die kostbare Flora immer mehr schrumpft?

Von den rund 250000 Blütenpflanzen der Erde sind mehr als zehn Prozent in den Gärten von Kew zu finden, aber genauso viele, etwa 25000 Pflanzenarten, sind weltweit vom Aussterben bedroht. »Einen wesentlichen Beitrag zu ihrer Erhaltung zu leisten ist heute die wichtigste Aufgabe von Kew, *my real vision.*« Schon ist Sir Ghillean bei seinem Lieblingsthema, der *Millennium Seed Bank.*

Eine Genbank für Pflanzen betreibt Kew in bescheidenem Maße schon seit 25 Jahren. Doch jetzt gibt es Geld, viel Geld von der National Lottery. Mit rund 90 Millionen Mark fördert sie die Samenbank als eines ihrer sechs Pilotprojekte zur Feier der Jahrtausendwende. Damit will Sir Ghillean einen Neubau in Wakehurst Place finanzieren, Kews Dependance in Sussex, vor allem aber die Sammlung von Pflanzensamen. »Wir wollen bis zum Jahr 2000 die gesamte britische Flora speichern, bis 2010 weitere zehn Prozent der Weltflora.« In Reagenzgläsern, bei minus 20 Grad, bleiben manche Samen mehrere hundert Jahre keimfähig. Als könnte man, notfalls, eines Tages von Kew aus die Welt neu erschaffen, zumindest die Pflanzenwelt.

Still und schön gedeiht in Englands botanischer Intensivstation auch eine Spezies, die andernorts immer seltener wird. Exzentriker – da leuchten Sir Ghilleans Augen, als seien dies die wahren Exoten von Kew. »Einige unserer Forscher sind so in ihre Arbeit versunken, daß sie den Rest der Welt, ja, ihr eigenes Leben völlig vergessen.« Dr. Richard Dennis zum Beispiel, Spezialist für Pilze, saß noch, unberührt vom Umbau des Labors, über sein Mikroskop gebeugt, als unter seinem Tisch bereits der Preßlufthammer durch die Decke stieß.

Jeder hier in Kew kennt solche Kollegen, Kakteenspezialisten, Farnfetischisten, *real characters*. Eines Tages werden sie pensioniert, zu ihrer größten Überraschung, aber schon am nächsten Tag sind sie wieder da, als sei nichts geschehen, und arbeiten weiter, unbezahlt, *working for ever*. Manche übernehmen mit den Jahren die Vitalität und Anpassungsfähigkeit der Pflanzen, die sie studieren. Essen ihre Sandwiches stets im Freien, selbst bei widrigem Wetter. Tragen auch im Winter nur Sandalen, immer ohne Sokken. Reisen in seltsame Länder und tauchen nie wieder auf. Legenden, dachte ich, Botanikerlatein. Bis ich Dusha kennenlernte.

Dusha Hayes stammt aus Kroatien, eine Frau von 56 Jahren, mit hennarotem Haar und einer einzigen Leidenschaft: Orchideen. Ich traf sie in einem der vielen Gewächshäuser hinter den Kulissen von Kew. Was hier grünt, dient der Forschung, nicht dem gemeinen Blick. Ein warmer, feuchter Duft weht mir entgegen und das Gefühl sublimer Blütenträume. »Das ist mein Paradies«, sagt Dusha. Stellagen voll von Orchideen, in sorgsam etikettierten Töpfen, gefüllt mit Kiefernrinde und vulkanischem Grit, ringsum an den Wänden Epiphyten auf Korkeichenbrettern. Dusha greift eine heraus, eine brasilianische Zwergorchidee mit winzigen, weißen Blüten. *»Phymatidium tillandsioides«,* sagt sie zärtlich. »Weiße Orchideen werden nachts von Motten bestäubt.«

Dusha ist Autodidaktin. Ihre erste Orchidee erwarb sie für ein paar Pfund auf einer *Flower Show.* »Dann sah ich, wie viele Arten es gibt. Ich kaufte immer wieder welche, ich las immer mehr, seitdem komme ich nicht mehr davon los.« Nach einem dreijährigen Gartenbaukurs bewarb sich die ehemalige Lehrerin 1985 in der Orchideenabteilung von Kew. »Wir haben hier etwa 5000 verschiedene Arten, rund 25000 gibt es weltweit.« Täglich kontrollieren Dusha und ihre beiden Kollegen Feuchtigkeit, Lüftung, Temperatur, das empfindliche Gleichgewicht der computergesteuerten Tropen. »Deine Pflanzen sagen dir schon, ob sie glücklich sind oder nicht.«

Zu Hause in der Londoner Vorstadt hat Dusha ihre eigene Orchideensammlung, »ein paar hundert Arten«, auf zwei Gewächshäuser verteilt. Familie, Freunde, Freizeit, Reisen, alles kreist um diese eine, schöne, rätselhafte Pflanze. Dusha zeigt mir eine *Lady's Slipper Orchid.* Von dem einzigen in England überlebenden Frauenschuh-Exemplar wurden nach 15jährigen Recherchen in Kew Samen entwickelt und die ersten Jungpflanzen im Frühjahr 1997 wieder in Yorkshire angesiedelt. »Wir haben hier Orchideen, die wir nie ausstellen werden.« Zum Beispiel *Paphiopedilum Rothschildianum sabah* aus Borneo, eine der unsichtbaren Königinnen von Kew. »Liebhaberstücke, *very pocketable*«, sagt Dusha. »Ja, es gab Diebstähle, eine große Verführung, ich kann's verstehen.«

Wir gehen hinüber ins Princess of Wales Conservatory. Zehn Klimazonen unter einem Dach, von den Tropen zur Arktik in einem Spaziergang. Kew, eine Kreislaufbeschleunigung. Zone 7 ist eine Art Hochsicherheitstrakt. Hinter Glasscheiben, von Videokameras bewacht, blühen einige der Star-Orchideen, Rarissima aus Ekuador oder Papua-Neuguinea, in ihren Heimatländern schon fast ausgestorben. Aus Sicherheitsgründen, um keine Sammler anzulocken, hat eine der unscheinbarsten Orchideen nicht einmal ein Etikett. »*Paphiopedilum delenatii* aus Vietnam, *very rare*«, sagt Dusha. »Wir kriegen auch die vom Zoll konfiszierten Pflanzen, und manchmal, nach dem Gerichtsverfahren, kommen die Leute dann nach Kew, um sich ihre Orchidee irgendwie wiederzuholen.«

Nebenan, in einem Seitenkabinett, recken langstielige, fahle, gelb-grüne Pflanzen ihre Hälse, wippende Vulvahälse, braungesprenkelt, von feinen roten Äderchen durchzogen. Venusfliegenfallen, fleischfressende Pflanzen. Auch sie, wie bestimmte Kakteen, zählen zu den bevorzugten Objekten botanischer Langfinger. Denis kennt sie alle: die Spezialisten, die im Auftrag professioneller Sammler klauen, und die Hausfrauen, die mal eine Lilienknolle in ihrer Handtasche verschwinden lassen, mal eine Gemswurz im Regenschirm.

Denis Langley ist einer der acht Polizisten, die in dem 121 Hektar großen Gelände rund um die Uhr unterwegs sind. Hin und wieder eine Ohnmacht im Tropenhaus, eine alte Dame, die ihren Pekinesen unter der Jacke eingeschmuggelt hat *(no pets, please)*, mehr passiert hier eigentlich nicht. »Gelegentlich ein Selbstmord«, fügt Denis hinzu. Mit einer überraschend schnellen Bewegung fahren seine kleinen, dicken Finger über die Ärmel seiner Uniform. »Der letzte schnitt sich die Pulsadern auf, drüben im Teich.« Selbstmord, ausgerechnet in Kew? »Es ist eben so ein ruhiger Ort«, sagt Denis, *»peaceful, ye know.«*

Vom Tulpenbaum fällt eine Blüte, grün-gelb-orange, ein Duft von Schokolade. Ein Besucher bückt sich, nimmt eine Handvoll Erde und läßt sie langsam durch die Finger rieseln. Immer wieder schnuppern sie an den Rosen, streichen über Blätter und Baumrinden: Ach, Kew, warum ist unser eigener Garten so kläglich? Und dann fragen sie einen der Gärtner: »*Excuse me,* können wir nicht einen Ableger haben?« Mr. Fliegners Antwort war immer dieselbe: »Wir haben eine Million Besucher im Jahr. Wenn jeder einen Steckling will, bleibt bald nichts mehr übrig.«

Bis zu seiner Pensionierung war Hans Fliegner Abteilungsleiter der Kalthäuser von Kew. Seinen ersten Arbeitstag im April 1963 wird der gebürtige Berliner nie vergessen: »Jeder Student bekam ein Okuliermesser, *clog and apron*, Holzschuhe und Schürze, das war der Anfang der gärtnerischen Ausbildung.« Daran erinnert heute nur noch das *Clog and Apron Race.* Alljährlich im September rennen Kews Junggärtner in blauen Schürzen und klappernden Pantinen auf dem Broadwalk um die Wette, zwischen Orangerie und Palmenhaus. Der Lärm ist gewaltig, die Rekordzeit 49 Sekunden.

Eigentlich wollte Hans Fliegner nur ein paar Jahre in Kew bleiben. Es wurden 32 Jahre. In dieser Zeit hat er den großen Umbruch erlebt, von der Gießkanne zur computergesteuerten Sprühanlage, von der Tütensaat zur Samenbank. Landschaftsdesign zog in die Gewächshäuser ein, Didaktik für jedermann. Doch wenn im Princess of Wales Conservatory das Regenwaldgezwitscher vom Band ertönt, verzieht Fliegner das Gesicht, als hätte er in einen Kaktus gefaßt. Ein Hauch von Disneyland, gottlob noch nicht in seinem geliebten Palmenhaus, diesem Glanzstück viktorianischer Glasarchitektur. Standesgemäßer kann man als seltene Pflanze nirgendwo gedeihen als im Kristallpalast von Kew.

Draußen sitzen sie wieder auf den Bänken und passen auf, wie die Rosen geschnitten werden. »Sobald Sie hier arbeiten, auch als einfacher Gärtner, sind Sie ein Spezialist«, sagt Fliegner, »und die Besucher erwarten, daß Sie alles wissen.« Kews Gärtner heißen ja auch nicht *gardener,* sondern *horticulturist,* und statt *head gardener* sagt man hier *curator,* wie im Museum. Die 180 Gärtner haben es mit den *living collections* zu tun, die 180 Botaniker mit präparierten Pflanzen. »Da haben wir gerade einen langen lateinischen Pflanzennamen gelernt«, sagt Dusha, die Orchideenfrau, »schon kommen die Botaniker mit einer neuen Klassifizierung.«

Gärtner und Wissenschaftler arbeiten in Kew so einträchtig zusammen wie Hase und Igel. Rivalitäten? Animositäten? »Nennen wir es freundliche Konkurrenz«, lacht Dr. Cutler. »Katastrophen gibt es immer mal wieder. Wenn man Pflanzen für eine Laboruntersuchung zieht und solange wartet, bis sie eine bestimmte Größe erreichen, und kurz davor entscheidet der Gärtner, es sei Zeit, sie zu stutzen, und schneidet sie alle wieder zurück ...« Bekümmert blickt Dr. Cutler auf seine Karteikästen und die Baumscheiben im Bücherregal seines Büros. Seit 1962 erforscht er nun die Mikrostrukturen von Blättern, Pollen und Fasern, aber das größte Rätsel bleibt wohl doch die menschliche Natur.

David Cutler ist stellvertretender Leiter des Jodrell Laboratory. Mit der sanften Stimme eines Homöopathen versucht er, mich von dem populären Mißverständnis abzubringen, Kew sei ein Vergnügungspark. »Wir sind in erster Linie eine wissenschaftliche Institution.« Rundgang durchs Jodrell, vorbei an Zentrifugen, Elektronenmikroskopen, pflanzenstillen Laboranten. Grundlagenforschung, physiologische, biochemische, zytogenetische. Doch werden im Jodrell die Pflanzen auch auf Bestandteile untersucht, die zur Heilung von Aids und Diabetes dienen können. »Zur Zeit arbeiten wir an einer Pflanzensubstanz aus Chile, die Fadenwürmer tötet«, sagt Dr. Cutler, »sehr vielversprechend.« Er selbst, Spezialist für die Anatomie südamerikanischer Liliengewächse, schreibt gerade ein Buch zur Bestimmung archäologischer Pflanzenfunde, von der Antike bis zum Mittelalter. Nein, die Arbeit wachse ihm nicht über den Kopf, allenfalls der eigene Garten zu Hause: »Bäume, Knollenpflanzen, zu viele Pflanzen.« Der Kew-Effekt.

Längst habe ich die Hoffnung aufgegeben, diesen botanischen Kosmos an der Themse gänzlich zu erfassen. Azaleengarten, Bambusgarten, Berberitzengrund, Steingarten, Wassergarten – Kew ist der Garten der Gärten. Auch den wahren Plural von Gras habe ich erst im Gräsergarten von Kew erfahren: Nutzgräser, Ziergräser, Wildgräser, mehr als 600 Arten von Gräsern wachsen da in einem grünen Karree. Selbst der Weg zum Klo ist mit *Skimmia japonica* und anderen duftenden Kräutern gesegnet. Vielleicht sollte ich noch ins Arboretum, zu einer vergleichenden Wanderung unter rund 250 Eichenarten? Oder den Rest des Tages vor einer einzigen Pflanze sitzen, wie drüben die Malerin auf ihrem Klapphocker, versunken in das Lianenlabyrinth von *Strophantus courmontii?*

»Man lernt Geduld im Umgang mit Pflanzen, denn sie wachsen langsam«, hatte David Cutler gesagt. Im Herbarium ist dieses Wachstum zum Stillstand gekommen. Hier herrscht die Ruhe der gepreßten Pflanzen, hier beginnt ihr zweites Leben, ihre kleine botanische Ewigkeit zwischen zwei Bogen Papier. Daß sie auch hier nicht gänzlich zur Ruhe kommen, dafür sorgt Professor Owens, Hüter des Herbariums. Ein Mann mit grauem Kraushaar, Anfang 50, Veilchenaugen, Greyhoundfigur. Eilt die roten viktorianischen Wendeltreppen hinauf, hinunter, öffnet hier einen Wandschrank, dort eine Mappe – *oh, wonderful* – und legt mir beglückt, als hätte er sie gerade erst selbst entdeckt, eine *Beccarinda cordifolia* vor, in Tibet gefunden am 20. April 1926, präpariert, klassifiziert und aufgenommen in die Pflanzenkabinette von Kew.

»Wir haben rund sieben Millionen Exemplare«, sagt Simon Owens. »Es gibt nur zwei Herbarien, die vielleicht noch größer sind, die von Paris und St. Petersburg.« Ständig wächst das Reich der mumifizierten Pflanzen, eine unerschöpfliche, unerläßliche Datenquelle zur systematischen Bestimmung der Flora. »Hier zum Beispiel, Erbsen und Bohnen, davon haben wir praktisch alle Gattungen, 847, nur drei Arten fehlen uns, *very exciting stuff!*« Hülsenfrüchtler, eines der Spezialgebiete des Reproduktionsbiologen Simon Owens. »Etwas muß ich Ihnen noch zeigen, ich weiß nicht, ob ich es heute finde – *oh, wonderful!*« Natürlich hat er sie auch heute gefunden, unter sieben Millionen Exemplaren, die Mappe in Flügel C, Reihe 24, Kabinett 115: »*Hebe elliptica*, Falkland, 1833, gesammelt von einem gewissen Charles Darwin.«

Zum Herbarium gehört auch die Bibliothek: mehr als 120 000 Bücher, 200 000 Pflanzenillustrationen und Karten, 250 000 Briefe – eine der großen botanischen Bibliotheken der Welt. Nein, Simon Owens wüßte nicht, warum er Kew je verlassen sollte. »Es ist der einzige Ort, wo man von jeder Pflanzenfamilie der Welt ein Exemplar finden kann, lebend oder getrocknet.« Und wo sonst fände man auf engstem Raum Spezialisten für die Flora von Malawi, für afrikanische Misteln und die Aronstabgewächse Brasiliens, für die Gräser des Mittleren Ostens, für die Farne und Schwämme der Tropen, für die Palmen der Welt? O königliches Kew!

Respekt gegenüber der Natur, das sei das erste, was der lebenslange Umgang mit Pflanzen ihn lehre, sagt Sir Ghillean Prance. »Man begreift, wie wunderbar die verschiedenen Dinge zusammenhängen, wie empfindlich dieses Gleichgewicht ist.« Und das, fügt Darwins Enkel hinzu, »bestätigt mich in meinem Glauben an einen Schöpfer.«

Für jeden hier in Kew hat die Erforschung der Pflanzenwelt eine eigene Moral. »Ich recycle viel, ich heize mäßig, und ich fahre möglichst wenig Auto«, sagt Simon Owens. »Denn wenn wir so weitermachen wie bisher, gibt es einen globalen Klimawechsel, Pflanzen werden in großer Zahl aussterben, und am Ende haben wir hier eine Wüste.«

Marcus de la Fleur hat vorerst ganz andere Sorgen. Examen, Diplomabschluß an der School of Horticulture. »Unter Studenten hat Kew einen fürchterlichen Ruf. Man muß sein Privatleben aufgeben. Das einzige, was zählt, ist Kew: 24 Stunden am Tag, drei Jahre lang, eine knallharte Klamotte.« Rund 250 Bewerber im Jahr, 15 werden genommen. Dabei hatte Marcus, Jahrgang 1968, seine Gärtnerausbildung in Bielefeld längst abgeschlossen. Dem Zweimetermann mit dem Dreitagebart reichte das nicht. »Eines Morgens wachte ich auf: Ich muß nach Kew!« Warum? »Um mein Pflanzenwissen zu erweitern. Um als Landschaftsarchitekt international zu arbeiten.« Marcus hat seine Karriere sorgsam geplant, bis in den blumigen Künstlernamen de la Fleur.

Wir sitzen in der Gärtnerakademie von Kew. Aus dem Fenster sieht man hinunter auf die *order beds,* Alptraum aller Anfänger. In diesen 126 Beeten, in wissenschaftlicher Ordnung angelegt, wachsen mehr als 3000 Pflanzenarten, eine kleine Enzyklopädie botanischer Formen, Farben und Düfte. »Wenn ich die Nachtschattengewächse vergleichen will, finde ich sie hier alle in einem Beet«, sagt Marcus. »So ist im Prinzip ganz Kew, ein lebendes Museum.« Neun Monate praktische Gartenarbeit, drei Monate Theorie: Gelernt habe er unendlich viel in diesen drei Jahren, auch wenn das Tempo »haarsträubend« war. »Ich hatte nicht einmal die Zeit, um ans andere Ende des Gartens zu kommen.« Dafür hat er schon Aufträge von Kunden in New York. Wie das? Marcus sagt nur ein Wort: »Kew!«

Die Blumen des Toten

Derek Jarman in Dungeness

Es gibt an der englischen Küste Rummelplätze wie Blackpool oder Land's End, malerische Orte wie St. Ives, verschmutzte und weniger verschmutzte Strände. Und es gibt Dungeness.

Dungeness ist eine Halbinsel südwestlich von Dover, ein Niemandsort aus nichts als Wind und Steinen. Jede Flut häuft neue Kieswälle an, die beständig nach Osten wandern. Dungeness ist der größte Kieshaufen der Welt, sagt man hier, wenigstens eine Attraktion.

Kilometerlang zieht sich die Küstenstraße dahin, vorbei an immer schäbigeren Bungalows, zum Teil aus alten Eisenbahnwaggons errichtet, provisorisch wie die ganze Landschaft, eine baumlose, trostlose Gegend. Selbst Zugvögel halten sich hier nicht länger auf als unbedingt nötig. Am Ende der Landzunge stehen ein paar Fischerhütten, zwei Leuchttürme, ein Pub und ein Atomkraftwerk. Im Schatten der riesigen Betonblöcke und Hochspannungsmasten ist die Endstation einer Kleinbahn. Miniaturdampfloks bringen Touristen aus der Romney Marsh zur Besichtigung des atomaren Disneylands am Meer.

Dungeness ist ein surrealer Ort, extrem, bizarr. Hier hat der britische Maler und Filmemacher Derek Jarman sein letztes Werk hinterlassen, einen Garten. Unvermittelt taucht dieser Garten an der Straße auf, ohne Hecke, ohne Zaun, üppig grün und voller Farben, eine blühende Insel im Steinmeer von Dungeness. Der Garten umgibt eine Fischerkate aus Holz, schwarz geteert, mit kanariengelben Sprossenfenstern. Als Derek Jarman *Prospect Cottage* 1986 kaufte, hatte er nicht mehr die geringsten Aussichten. Er hatte Aids.

»Ich war immer ein leidenschaftlicher Gärtner«, schreibt Jarman. »Blumen strahlten in meiner Kindheit wie in mittelalterlichen Handschriften.« Diese frühen Gartenerinnerungen waren nur getrübt von dem Umstand, daß er damals immerzu den Rasen mähen mußte. Zum Glück gibt es in Dungeness keinen Rasen, stellt er erleichtert fest. Manikürtes Grün, diese englische Obsession, ist ihm ein Graus. Warum nicht statt stupider Rasenpflege Gemüse pflanzen, Bohnen und Kohl, gemischt mit Päonien und Rittersporn?

Doch zunächst dachte Jarman gar nicht daran, in dieser Ödnis einen Garten anzulegen. Strandkies, in dem sich keine Erdkrume hält, scharfer Ostwind, der mit seiner Salzgischt alles verätzt, Winterstürme, im Sommer oft sengende Hitze: Was sollte da gedeihen? Vom Strand brachte er Feuersteine mit und legte erst einmal ein Steinbeet an, »wie Drachenzähne – weiß und grau«. Hinter dem Cottage pflanzte er eine Heckenrose, als Stütze dienten ein Stück Treibholz und eine Kette aus durchlöcherten Steinen. So begann, eher beiläufig, Derek Jarmans Garten.

Selbst am Strand von Dungeness wächst mehr, als der flüchtige Besucher vermutet. Eine Pflanze fasziniert Jarman besonders: *Crambe maritima,* der Meerkohl. Purpur- und tintenfarben sprießen seine Blätter im März, im Mai überfluten ihn Tausende kleiner weißer Blüten, mit einem gelben Punkt in der Mitte. Die Samenkapseln werden erbsengroß, erst grün, dann knochenblaß. Im Herbstwind faulen die Blätter, trocknen aus und fliegen davon. Im November ist von der ganzen Pflanze nichts mehr da außer einem korkigen Stiel. Sie überlebt, weil sie ihre Wurzeln mehr als sechs Meter tief im Kies verankert. So viel Zähigkeit imponiert Jarman, der seinen eigenen Überlebenskampf mit seinem Garten verbindet, gegen die widrigsten Umstände.

Nach und nach siedelt er die Wildpflanzen von Dungeness rund um sein Cottage an: Sandstrohblumen, Grasnelken und Milchsterne, Kornblumen und Klatschmohn, Hauhechel, Fenchel und Skabiosen. Unkraut gibt es für Jarman nicht. Jede Pflanze, auch die unscheinbarste, hat ihre eigenen, subtilen Reize. Und manche, wie der Gemeine Baldrian, der im Frühsommer an den Straßenrändern von Dungeness blüht, löst Erinnerungen aus wie der Duft von Prousts Madeleines: »Er wuchs im Garten des zerbombten Hauses am Ende der Straße, wohin mich der Flieger Johnny, meine erste Liebe, auf seinem Motorrad mitnahm, meine Hände in seinen Hosentaschen – seither ist Baldrian für mich eine sexy Pflanze.«

Baldrian, wie aufregend, wie beruhigend. Jarmans Kräutchen-rühr-mich-an ergänzt aufs schönste die Galerie der erotischen Blumen, die sein amerikanischer Freund, der noch vor ihm verstorbene Fotograf Robert Mapplethorpe, angelegt hat. Mapplethorpe stilisierte Orchideen, Iris und Kallas zu floralen Ikonen der Lust. »Seine Photos waren von tödlicher Wohlerzogenheit«, sagte Jarman einmal.

Vorsicht, Sissinghurst-Fans, Freunde harmonischer Blumenrabatten: Mit dem klassischen englischen Garten hat Derek Jarmans Garten so viel zu tun wie seine Filme mit Hollywood. Allein das Gerümpel! Treibholz, rostige Stangen und Ketten, was immer er auf seinen Strandgängen fand, hat dieser wilde Gärtner zwischen seinen Pflanzen verteilt, Chiffren einer anderen, phantastischen Natur.

Zwischen Currystauden windet sich eine Ankerkette, die in Hummerscheren endet. An Holzpfählen schwingen eiserne Triangeln, Windharfen über Dungeness. Hier ragt der Griff eines Spatens, dort ein maroder Gummihandschuh aus den Steinen, wie Signale aus längst verschütteten Gärten. Verrostete Forken und Sprungfedern, verkohlte Schiffsbalken, Bootshaken, Granathülsen, Korken von Fischernetzen, das alles versteht Jarman als Teil der Landschaft, »Modern Nature«, wie der Titel eines seiner Tagebücher lautet. Gefundenes und Gewachsenes verbinden sich in diesem Garten so natürlich wie die Elemente surrealer Kunst. Doch haben die maritimen Fundstücke oft auch ganz praktische Funktionen: Ketten geben einem Blumenbeet Halt, Drähte ehemaliger Panzersperren dienen als Gerüst für Kletterpflanzen.

Stechginster, leuchtend gelb, gezackte Blätter des Bärenklau. Derek Jarmans Garten hat eine rauhe, melancholische Schönheit. Steine und Blüten, Zartes und Hartes liegen hier so dicht beieinander wie nirgendwo sonst. Berührungen, Verletzungen, wo sind die Grenzen? Auf Holzpfählen stecken Schneckengehäuse, neben einem Lavendelbusch ragt eine Forke aus dem Boden, mit durchlöcherten Steinen auf den rostigen Zinken. Schlanke Flint-Stelen vor braunvioletten, lasziv geöffneten Iris, phallische Hölzer zwischen Goldlack und Levkojen. Der homosexuelle Blick, der sich in Jarmans Filmen eine eigene, anarchische Form aus Poesie und Pathos schuf, prägt in Maßen auch seinen Garten.

Vor allem aber ist dies der Garten eines Malers. Wie subtil abgestuft die Steinkreise aus weißen, grauen, graublauen Kieseln, die Kreise aus Ginster und Salbei. Wie blau es überall blüht, bis hin zum Kobaltblau der See: Kornblumen, Hyazinthen und Glockenblumen, Borretsch, Lavendel und Natternkopf, »die Blume der Dämmerung«. Aus dieser einen, einzigen Farbe bestand sein letzter Film, »Blue«, ein Film am Ende aller Bilder, dem Maler Yves Klein gewidmet, der einmal sagte, »daß es hinter dem Blau mehr gibt, als das Auge trifft«.

In seinen letzten Jahren zieht Derek Jarman sich mehr und mehr von London zurück nach Dungeness. *Prospect Cottage*, zunächst nur ein Wochenendhaus, wird sein ständiges Heim. Er malt, schreibt, gärtnert, plant neue Filme. Seit Jarman weiß, daß er Aids hat, scheint seine Energie noch zu wachsen. Er glaube nicht, sagt er, »daß es viel hilft zu denken: Dies ist mein letztes Jahr. Es könnte durchaus so sein, aber ich habe mein letztes Jahr jetzt schon sechs Jahre lang erlebt, und ich bin immer noch da.«

In dieser Einöde Blumen und Kräuter zu pflanzen, in einem Moment damit zu beginnen, wo das eigene Leben zu Ende geht – so heroisch, so heiter wie Derek Jarman hat wohl keiner je einen Garten angelegt, ein sehr englisches Beispiel auch für die Kunst, unter kärglichsten Bedingungen eine Oase der Schönheit zu schaffen.

Eidechsen huschen über die Steine. Möwen, Krähen, im Winter Kormorane, die Stille ist voller Stimmen. Gelegentlich stürzt Jet, die zahme Krähe seiner Nachbarin, durchs geöffnete Küchenfenster und klaut die Teelöffel und was sonst noch herumliegt und glitzert. Auch Thomas besucht ihn gern, ein streunender Kater, der Jarmans Mäuse fängt.

Selbst in der Einsamkeit von Dungeness ist er selten allein. Freunde erleichtern ihm den Alltag. Bekannte und gänzlich Unbekannte suchen ihn auf. Als Filmemacher und bekennender Schwuler ist Derek Jarman eine Institution, ob er es will oder nicht, ein heiliger Ketzer, der seine Rolle mit ironischer Selbststilisierung spielt: *»St. Derek of Dungeness in the wilderness of illness.«*

Als er 1990 Christopher Marlowes elisabethanisches Königsdrama *Edward II.* verfilmte, lernte er einen jungen Fotografen kennen. Howard Sooley, selbst ein leidenschaftlicher Gärtner, fotografierte Jarmans Garten von Anfang an. Auf ihren Fahrten zwischen Dungeness und dem Krankenhaus in London besuchten sie gemeinsam Great Dixter und andere berühmte Gärten Südenglands. Jedesmal brachten sie neue Pflanzen mit. Ein Bienenstock wurde angelegt, umgeben von Kräuter- und Gemüsebeeten. Sein Garten sei für ihn »Therapie und Arznei«, schreibt Jarman. »Ich kann eine einzige Pflanze eine Stunde lang betrachten, das bringt mir großen Frieden.«

Derek Jarmans Gartenbuch, botanisch genau, ist zugleich das Tagebuch eines langsamen Todes. Immer wieder unterbrechen Verse seine Gartenprosa, poetische, pathetische Klagen über den Verlust der Freunde und sein eigenes Sterben: »I walk in this garden/holding the hands of dead friends./Old age came quickly for my frosted generation,/cold, cold, cold, they died so silently.« In seinem Film *The Garden* spricht Jarman selbst diese Verse. »Cold, cold, cold, I die so silently.« *The Garden* ist seine Version der biblischen Passionsgeschichte, autobiographisch wie alle seine Filme, gedreht unter den Hochspannungsmasten von Dungeness und in seinem Garten, »Gethsemane and Eden«.

Es gehört zur paradoxen Natur dieses Gartens, daß er immer besser gedieh, während Derek Jarman immer schwächer wurde. So lange er konnte und beharrlich pflegte er seine Pflanzen weiter, als es für ihn selbst längst keine Hilfe mehr gab. Es gelang ihm sogar, eine an der englischen Küste seit Jahren verschwundene, vom Aussterben bedrohte Pflanze in seinem Garten wieder anzusiedeln: *Crepis foetida,* den stinkenden Pippau.

Wenige Monate vor seinem Tod geht er noch einmal auf Reisen. Derek Jarman besucht Monets Garten in Giverny. »Eine Aids-Ruine«, wie er selber sich nennt, das dünne Haar unter einer mohnroten Mütze, auf einen Stock gestützt, geht er durch den verschwenderisch blühenden Garten des Impressionisten. »Was für ein Gegensatz zu der Wüste von Dungeness – üppig, feucht und geschützt hinter Pappeln.«

Zuletzt, eine Folge der Medikamente, ist Derek Jarman fast ganz erblindet. Die Pflanzen in seinem Garten verlieren jetzt ihre Farben. Aber die Düfte! Er saugt sie ein wie Bienen den Nektar: den schweren, süßen Duft von Ginster und Meerkohl, den scharfen Geruch der Tulpen, den Duft von Goldlack und Salbei. Und Lavendel, so blau riecht Lavendel. Der Sturm fegt alle Düfte davon. Dann riecht Dungeness nur noch nach Tang und Algen.

Im Februar 1994 ist Derek Jarman im St. Bartholomew's

Hospital in London gestorben. Noch zu Lebzeiten hatte er die Südwand von *Prospect Cottage* mit Versen aus John Donnes Gedicht »The Sunne Rising« geschmückt. Es ist das zornige Morgenlied eines Liebespaars, das sich zu früh von der Sonne geweckt sieht. John Donne war ein Barockdichter, den Jarman als Zeitgenossen empfand, extrem in seiner Bildersprache wie er selbst, ein Analytiker der Gefühle, der sich in einem Gedicht mit seiner eigenen Grabinschrift vorstellte: »Hier lieg ich, von der Lieb erschlagen.«

Seit Derek Jarmans Tod lebt sein Partner Keith Collins in *Prospect Cottage.* Keith, schön wie der junge Gregory Peck, hat grüne Augen und lange, schwarze Wimpern. In Jarmans Film *Edward II.* spielte er die Rolle des Henkers, der dem sterbenden König den letzten Kuß gibt. Nun kümmert er sich um Derek Jarmans Garten.

Das ist kein leichter Job, denn dieser Garten hat keinen Zaun, aber viele, viele Freunde. Sie kommen aus London und Liverpool, aus Schottland, Holland, Japan, Cineasten und Touristen, Blumenfreunde, Männerfreunde und Mitglieder der Royal Horticultural Society. Andächtig stolpern sie über die Steine, wundern sich über alles, was da wächst, starren in die Fenster, machen Fotos und Videos. Manche bringen auch etwas mit, Fundstücke vom Strand, Skurriles aus Holz und Eisen, Pilgergaben für den Garten von *St. Derek of Dungeness.* Am Abend, wenn die letzten Fans verschwunden sind, trägt Keith das ganze Zeug in aller Stille wieder zurück zum Strand.

Sir Geoffreys kleine Wassermusik

Zwei Jellicoe-Gärten: Sutton und Shute

Als ich Sutton Place vor vielen Jahren besuchen wollte, verwehrten mir elektronische Tore und Scharfe-Hunde-Schilder den Zutritt. Auf seinem Landsitz in Surrey war der Ölmilliardär Jean Paul Getty für unsereins nicht zu sprechen. Umgeben von sechs Freundinnen verbrachte der maßlos reiche Geizhals hier die letzten siebzehn Jahre seines Lebens – ein Tollhaus der Eifersucht, Begierden und Intrigen. Für seine Gäste installierte Getty Münzfernsprecher, und einige der alten Täfelungen ersetzte er durch Sperrholz. Nach Gettys Tod 1976 kaufte ein anderer amerikanischer Ölmagnat, Stanley J. Seeger, die Tudor-Immobilie für 36 Millionen Mark. Er wollte dieses Landschloß der Renaissance beleben aus dem Geist der eigenen Zeit. Zur Neugestaltung des Parks und der Gärten, eines 24 Hektar großen Geländes, engagierte er 1980 Sir Geoffrey Jellicoe, den Doyen der englischen Landschaftsarchitektur. Was der damals schon Achtzigjährige entwarf, hat intellektuelle und finanzielle Ansprüche von feudalem Ausmaß, ein Unternehmen, das seinesgleichen sucht in der europäischen Gartenkunst des späten 20. Jahrhunderts.

»Landschaftskunst sollte ein Zusammenhang sein aus Vergangenem, Gegenwärtigem und Zukünftigem, und sie sollte die Samen abstrakter Ideen ebenso enthalten wie metaphorische Bedeutung.« Nach dieser Maxime plante Jellicoe die Gärten von Sutton Place als ein System subtiler Allegorien und Analogien. Den mauerumschlossenen Tudorgarten an der Westseite des Hauses ergänzte er durch einen umfriedeten Paradiesgarten an der Ostseite. Beschwerlich, voller Abenteuer wie der Weg der Seele auf Giovanni Bellinis Gemälde ist der Gang über die Trittsteine des Seerosenteichs hinüber in den Paradiesgarten, wo uns Blütendüfte erwarten, Springbrunnen, Rosenlauben und Goldregen-Bögen. Gewundene Ziegelpfade zitieren die Drehungen der Tudorschornsteine, und durch fensterartige Öffnungen in den Mauern des Paradiesgartens sehen wir die angrenzende Wildnis, den *Wild Garden*. Dieses Fenstermotiv übernahm Jellicoe aus italienischen Gärten der Renaissance, ebenso das Element der langen, geraden Wege. So führt eine gestutzte Lindenallee in klassischer Symmetrie zu einem Belvedere, komplementär dazu auf der anderen Seite ein Weg mit verkehrter Perspektive und absurden Maßstäben, wie auf Bildern Magrittes, in den »Surrealen Garten« mit den monumentalen Urnen von Mentmore.

Zitrusbäume in Kübeln, eine mächtige Atlaszeder, eine Allee mit Topiary-Eiben, immer neue, überraschende Ausblicke begleiten unseren Weg, ein ständiger Wechsel von umfriedeten Regelgärten und offenen, informellen Gärten. Auch einen »Miró-Spiegel« legte Jellicoe an, einen von gelben und blauen Blumen umgebenen, ursprünglich schwarz grundierten Swimmingpool, dessen asymmetrische Trittsteine typische Miró-Formen zitieren. In einem anderen Gartenraum wiederum, von dunkelgrünen Eibenhecken umschlossen, spiegeln sich in einem Teich die magischen, makellosen Linien einer Skulptur Ben Nicholsons, sein »Weißes Relief« aus Carrara-Marmor, 1938 entworfen, kurz vor seinem Tod für Jellicoes Garten in »heroischem« Format vergrößert. Vom Eingang des Schlosses, wo ursprünglich ein Torhaus stand, in der ganzen Breite der Nordfassade führt eine Doppelreihe amerikanischer Eichen zu dem künstlichen See, den Jellicoe im Park anlegen ließ, mehr als fünf Hektar groß, mit den Konturen eines Walfischs. Am See eine Skulptur Henry Moores, auf der Südseite des Hauses eine Allee von Fontänen und Kaskaden, manches war noch geplant. Doch für die Blütenträume dieses Gartenvirtuosen war selbst Mr. Seegers Vermögen zu klein.

1986 wechselte Sutton Place erneut den Besitzer. Frederick Koch, ein amerikanischer Unternehmer und Kunstsammler, übertrug das gesamte Anwesen einer Stiftung und ließ das Schloß mit seinen prächtigen Terrakotta-Reliefs von Grund auf restaurieren. Jellicoes Entwürfe führte er weitgehend aus und fügte andere, eigene hinzu: einen Ellipsengarten, einen Obstgarten mit seltenen Apfel-, Birnen- und Pflaumensorten, eine Bergahorn-Allee, deren Laub im Frühling rosafarben leuchtet. Einen Nachmittag lang hat mich John Humphris, *Head Gardener* von Sutton Place, durch diese grandiosen Anlagen geführt. Zehn Gärtner betreuen sie – zehn Gärtner, wo gibt es das noch? Jedenfalls nicht in Shute House.

Den Garten von Shute betreut ein einziger Gärtner – und die Hausherrin selbst. Suzy Lewis ist eine kräftige, temperamentvolle Frau, Anfang 40, Renoirfigur, mit langen rötlichen Haaren. Suzy hat vier Kinder, zwei schwarze

Neufundländer, Aretha und Whoopi, schwarze indische Hühner, Katzen und, ach ja, auch noch einen Mann. Erschöpft trifft John Lewis, Hotelmanager des Cliveden, am Freitagabend auf seinem Familiensitz in Wiltshire ein, zum Wochenende mit den Kindern, Katzen, Hunden und Hühnern, mit Tennisspiel und Gartenpartys, um dann am Montag, erschöpft vom Landleben, wieder Richtung London zu fahren.

Am Haus wächst ein *Trafalgar Pear*, ein Birnbaum zur Erinnerung an Nelsons Sieg, gepflanzt in seinem Todesjahr 1805 »und seitdem immer in Blüte«, wie Suzy versichert. Mitte des 18. Jahrhunderts war auch die mächtige *Scots Pine* ein patriotischer Baum, mit dem die Herren von Shute zur Zeit der Jakobitenkämpfe ihre Sympathie mit den katholischen Stuarts signalisierten. Auf ihre Weise setzt Suzy diese politische Folklore fort, wenn sie im November in der *Guy Fawkes Night*, auf der letzten Gartenparty des Jahres, die Strohpuppe eines besonders unpopulären Politikers symbolisch verbrennt. »Im vergangenen Jahr war es Saddam Hussein, der nächste wird wohl Milosevic.«

Shute ist ein Haus aus grünem Sandstein, am Südhang eines Bergkamms gelegen, mit dem Blick über Pferdekoppeln und Teiche, an deren Rändern Fischreiher stehen, in der Ebene Felder und Baumgruppen, am Horizont die Hügelkette der Downs: ein Bild wie aus *Country Life*. Diese Hügellandschaft war eine der Geburtsstätten des englischen Landschaftsgartens. Stourhead und Longleat, Fonthill und Wardour Castle liegen in der Umgebung von Shute. In dieser Nachbarschaft, in der Tradition von William Kent und Capability Brown, begann Geoffrey Jellicoe

1970 seine Arbeit für Michael und Anne Tree, die damaligen Besitzer von Shute House.

Seine Klienten kamen beide aus der *landed class.* Gärten sind in diesen Kreisen ein naturgegebenes Statussymbol, so selbstverständlich wie Dienerschaft und Tafelsilber. In manchen Familien aber wurden Pflanzen wie Skulpturen gesammelt und Gärten wie Landschaftsgemälde angelegt. Michael Tree kam aus einem solchen Haus, Ditchley Park in Oxfordshire, wo Jellicoe schon die Gärten seiner Eltern entworfen hatte. Seine Frau indes stammte aus einer jener Orchideenfamilien, deren Häuser nicht nur von Gärten umgeben sind, sondern von Gartengeschichte. Lady Anne war eine geborene Cavendish, aufgewachsen in Chatsworth, dem Landsitz der Dukes of Devonshire. Henry Wise hatte dort Regelgärten angelegt, Capability Brown einen Landschaftspark und Joseph Paxton Gewächshäuser, die er später nur noch zu veredeln brauchte zum Londoner Kristallpalast.

Familiengeschichte, Gartengeschichte. Als Jellicoe nach Shute kam, bemerkte er als erstes, woher das Haus seinen Namen hat: *chute* heißt Wasserfall, Katarakt, und Wasser gibt es hier reichlich. Auf dem Grundstück entspringt der River Nader, eine wichtige Gedankenquelle für Jellicoes Entwurf der *waterscape* von Shute. Wasserrinne, Kanal und Teich bilden die Blickpunkte des Gartens, seine Achsen und Gegenachsen. Ruhendes, fließendes Wasser begleitet uns überall, die Grundmelodie von Shute. Ihr Höhepunkt ist *The Rill.*

Blauregen-Bögen flankieren diese lange Wasserrinne, gelbe und weiße Aronstäbe, Narzissen, Iris, Euphorbien, eine Fülle blühender und immergrüner Pflanzen. Trittsteine führen über die Kaskaden, ein steter Wechsel der Perspektiven, ein beständiges Rieseln und Plätschern, dessen Kadenzen wir wie einer Tonleiter den Hügel hinunter folgen. Vier der acht Kaskaden von Shute hat Jellicoe so konstruiert, daß sie einen harmonischen Akkord bilden sollen. In den Beton sind kupferne V-Elemente eingelassen; je größer ihre Zahl, desto aufgefächerter der Fall des Wassers und desto heller sein Klang, vom Sopran über Alt und Tenor bis hin zum Bass. Natürlich wußte auch Jellicoe, daß das Stimmen einer Kaskade ungleich schwieriger ist als das eines Klaviers, und so nannte er seine kleine Wassermusik »a happy affair of hit or miss«. Einer ihrer Nachbarn, sagt Suzy, der Dirigent John Eliot Gardiner, habe denn auch gleich bemerkt, *The Rill* sei falsch gestimmt.

Seit Jellicoe in den zwanziger Jahren als Architekturstudent die Wasserinszenierungen der Villa d'Este und anderer italienischer Renaissancegärten kennenlernte, sind solche Rinnen und Kaskaden ein Lieblingselement seiner Entwürfe. Jenseits dieser zentralen Achse von Shute, am Rand des Gartens liegt der *Camellia Walk*. In Kaskaden fallen die Blüten hier im Frühling über den Weg, die rosafarbene Cheryl Lynn, Pink Cascade, die zartweiße *Magnolia stellata*, mehr als hundert verschiedene Arten von Kamelien und Magnolien. Der Pfad führt zu einem kleinen Teich, der Quelle des River Nader. Dort steht ein *love-seat*, eine Plauderbank mit zwei gegenläufigen Sitzen, wie geschaffen für Verliebte. Indes hatte Jellicoe eine eher philosophische Position im Sinn, den dialektischen Blick auf die beiden scheinbar gegensätzlichen Pole klassischer und romantischer Gartengestaltung. Von der Quelle leitete er das Wasser in zwei Richtungen durch den Garten, die sich am Ende wieder vereinen: hier Kanal und Rinne des Regelgartens, dort die Teiche des Landschaftsparks.

In Unterwasserkübeln am Rand des Kanals blüht eine lange Reihe von Kallas. In einer von ihnen nistet ein Teichhuhn. Das erinnert Suzy an den Tag, als sie Shute zum ersten Mal besichtigten: »Da fanden wir im Schlafzimmer des Hausherrn ein Nest mit Vogeleiern, auf dem Baldachin des Himmelbetts von Michael Tree.« So machte Herr Baum seinem Namen alle Ehre.

Zwei Wasserbalkone unterbrechen die hohe Buchenhecke auf der anderen Seite des Kanals. Wie charmant, wie genau kalkuliert: kleine Balkone über dem Wasser, Bühnen für kurze Auftritte der Sommergäste, mit Ausblicken in einen Ilex-Hain, den »Hain der Philosophen«. Über den beiden Grotten am Ende des Kanals bilden getrimmte Buxushecken ein Amphitheater *en miniature*. Ursprünglich standen dort drei augusteische Dichterbüsten: Vergil, Ovid und Lukrez, ein Tribut Jellicoes an William Kent und die klassische Tradition der Landschaftskunst. Diese, wie er fand, »schwachen Antikenkopien« hat der jetzige Hausherr vorläufig durch Rokokobüsten ersetzt. »Hermen wären ideal«, sagt John Lewis, ein Skulpturenkenner.

Die Arbeit für Shute umfaßt Jellicoes beste Jahre, den Höhepunkt seiner Karriere, bevor er die Gärten in Sutton Place, Brescia und Modena entwarf und das große historische Gartenprojekt von Moody in Texas. Dieser späten Summe seiner Gedanken über Landschaft als Reflex der Zivilisation, die sie schuf, folgten zuletzt noch, in seinem Todesjahr 1996 eröffnet, die Gärten von Atlanta. Sie standen Shute am nächsten, erklärte er, in ihrem Rhythmus und in der Bewegung ihrer Wasserläufe.

Landschaftsgestaltung war für Sir Geoffrey Jellicoe »die Mutter aller Künste«; sie werde sogar, glaubte er, im nächsten Jahrhundert wichtiger sein als Architektur. Seine Landschaftsgärten sind weit in die Geschichte ausgreifende, eklektische Entwürfe, aus vielen Quellen gespeist, aus antiker Mythologie und chinesischer Philosophie, aus John Bunyans *Pilgrim's Progress* ebenso wie aus Bildern von Paul Klee und Jackson Pollock. Vor allem wollte er immer wieder, in der Nachfolge von C. G. Jung, das Bewußte und das Unbewußte, das Materielle und das Spirituelle miteinander in Einklang bringen. Jellicoes Gärten sind grüne Exerzitien, sie verlangen Offenheit und Geduld: »Die Magie des Unbewußten kann sich nicht entfalten bei einem Besucher, der in Eile ist.«

Auch Shute ist seinem Wesen nach ein philosophischer Garten. Durch einen Lorbeertunnel sind wir auf eine Lichtung gekommen, zu einer sechseckigen, von Efeu überwucherten Gloriette. Ein Ort der Kontemplation, den Jellicoe durch Topiary-Figuren mit tieferer Bedeutung ausgestattet hatte. Diese allegorischen Eiben fand Suzy Lewis doch sehr fremd. Statt dessen hat sie dort weiß blühenden Bärlauch gepflanzt, Schneeglöckchen, blaues Immergrün, »Blumen wie in einem präraffaelitischen Bild«. Solche Änderungen hat sie noch mit Jellicoe besprochen. »Do your own thing, find what you feel«, habe er gesagt. »Er war sehr großzügig, er hat uns keinerlei Auflagen gemacht.« Selbst gegen einen Swimmingpool hatte Sir Geoffrey nichts einzuwenden, doch nannte er ihn lieber »a water square of contemplation«.

»Jetzt kommen wir in die Zwielichtzone«, sagt Suzy, als wir den Sumpfgarten betreten. Es ist die letzte Station dieser »langen Reise durch die Zeit«, wie Jellicoe sein Shute-Konzept verstand. Doch statt der chinesischen Philosophensteine dominiert inzwischen eine Pan-Figur, lüstern grinsend, das feuchte Revier: »*My Beastly Garden*«, sagt Suzy. *Fritillaria imperialis* wachsen hier mit orangegrellen Blüten, Höckerlilien, fleischfressende Sarrazenien, die stachelige *Gunnera manicata* und die Stinkende Zehrwurz, die Schlangenwurz, der mausähnliche Krummstab und der giftige Gefleckte Aronstab, der im Englischen *Dead man's-finger* heißt, lauter Sumpf- und Schattenpflanzen mit bizarren Formen und Farben, schwarze Gräser, »scheußliche Sachen – *isn't it fab!*« Und dann, wie immer, wenn sie an Jellicoe denkt, blickt Suzy zum Himmel: »Ich hoffe, er hat nichts dagegen.«

Königin der Blumenrabatten

Gertrude Jekyll

Mit schwerer Arbeitsschürze, ledernen Schnürstiefeln und zerbeultem Strohhut ging sie ein in die Gartenfolklore. Sie war untersetzt, robust, ein Dragoner und *workaholic,* zeitlebens unverheiratet und extrem kurzsichtig. Um so feiner waren Ohren und Nase. Am Duft unterschied sie die Rosen, heißt es, am Blätterrieseln die Bäume. Im Alter hatte sie den Matronenlook Queen Victorias: Gertrude Jekyll, die Königin der Blumenrabatten. Mehr als jeder andere prägte sie den englischen Gartengeschmack im 20. Jahrhundert. Nicht nur die rosa Strauchrose *Gertrude Jekyll,* die David Austin 1986 kreierte, bezeugt ihre anhaltende Popularität.

Als Tochter aus begütertem Hause, geboren 1843 in London, besuchte Gertrude Jekyll die Kunstakademie in South Kensington. Am Ende beherrschte sie die ganze Skala der Arts & Crafts-Fertigkeiten: Malen, Sticken, Schmieden, Fotografieren, Arbeiten in Holz und Stein. Erst Mitte 40, wegen eines Augenleidens, wechselte sie von Malerei und floralen Stickereien zur Gartenkunst. In seiner Verbindung von Natur und Kunst blieb Ruskin ihr Vorbild. »Planting ground is painting a landscape with living things«, schrieb sie. »Um gut zu pflanzen, bedarf es eines Künstlers von beträchtlicher Fähigkeit. Seine Schwierigkeiten sind nicht gering, denn sein lebendes Bild muß aus jeder Perspektive und bei jedem Licht stimmen.«

Gegen die grellen Farben hochviktorianischer Regelgärten setzte Gertrude Jekyll die sublimen Farbabstufungen, die sie auf Turners Gemälden so bewunderte und sich durch Chevreuls Farbenlehre systematisch aneignete. Statt linearer Beete pflanzte sie informelle Rabatten, *mixed borders*, locker miteinander verflochtene Harmonien von Blumen und Sträuchern, Sommer- und Winterstauden. Ihre Anregungen kamen aus den Bauerngärten von Surrey, rund um ihren Wohnsitz Munstead Wood, und aus den Schriften William Robinsons. Mit seinem Buch *The Wild Garden* (1870) hatte Robinson die Rückkehr zum naturnahen Garten eingeleitet. Diese Kunst der Wald- und Cottagegärten popularisierte und verfeinerte Gertrude Jekyll mit einem genialen Gespür für die richtigen Pflanzen, Gruppierungen, Farben und Texturen.

Seit 1883 legte sie auf ihrem eigenen, sechs Hektar großen Wald- und Heidegelände in Surrey einen Garten an, der zur Keimzelle ihrer Bücher und aller ihrer Gärten wurde. Zusammen mit dem Haus aus Bargate-Stein, das Edwin Lutyens ihr dort baute, wurde Munstead Wood zum Begriff. »A Lutyens house with a Jekyll garden«, mit dieser Erfolgskombination avancierten sie zum Traumpaar der englischen Gartenarchitektur des 20. Jahrhunderts. Ihre Partnerschaft hatte dieselben Wurzeln, die Arts and Crafts-Bewegung, und ein gemeinsames Ziel: die Einheit von Haus und Garten, Natur und Kunst. Diese Harmonie entfaltet sich in einem Geflecht von Korrespondenzen und Kontrasten. So einheitlich die Materialien, Farben und Formen, so spannungsvoll immer auch das Verhältnis zwischen Vegetation und Architektur, formellem Rahmen und freiem Wachstum.

Teiche, Stufen und abgesenkte Rasen, Pergolen und Eibenwände wurden zum Markenzeichen ihrer Partnerschaft. Puristen des »natürlichen« Gartens mögen kritisieren, daß Lutyens allzu reichlich Gebrauch von Steinen machte, in Terrassen, Treppen und gepflasterten Wegen. Doch wie köstlich sind solche Flächen mit Steinstreifenziegeln und Schiefer gemustert, wie dunkelgrauer Tweed, und an allen Rändern wächst und blüht es in Fülle. Wie virtuos sich Gertrude Jekylls Rabatten im geometrischen Layout von Lutyens entfalten, zeigt der Garten von Hestercombe, eines der besten und frühesten Beispiele ihrer Zusammenarbeit.

Hestercombe liegt in Somerset, in den südlichen Ausläufern der Quantock Hills. Das Hanggelände unterhalb des älteren Herrenhauses nutzte Lutyens zu einer Serie symmetrischer Terrassen, mit einem quadratischen Parterre im Zentrum, seitlichen Wasserrillen nach Art elisabethanischer Gärten und einer langen Pergola als südlichem Abschluß. Diesen Hauptgarten verbindet eine Rotunde auf der Ostseite des Hauses wie ein Armgelenk mit einer schmalen Seitenachse, die zu einer Orangerie im typischen »Wrenaissance«-Stil von Lutyens führt und in einem kleinen holländischen Rosengarten endet. Ein Layout, so klar im Ganzen wie köstlich im Detail. Allein die Rotunde: ein kreisrunder, von Steinrhomben eingefaßter Teich, ein Gartenauge, das Licht und Wolken spiegelt. Für Wege und Stützmauern benutzte Lutyens grauen, groben Schiefer, für Balustraden, Nischen und andere Ornamente den glatten, goldenen Ham Hill-Stein. In diesem texturenreichen, geometrischen Rahmen entfaltete Gertrude Jekyll ihre Pflanzenskala wie ein Maler seine Farbpalette.

Graue, duftende Rabatten aus Lavendel, Rosmarin und Katzenminze, Schleierkraut und Edeldisteln säumen den Grey Walk. Wie Kaskaden schäumen Spornblumen und Heiligenkraut über die Trockenmauern. In die langen Wasserrillen der Seitenterrassen pflanzte Gertrude Jekyll Iris und Kallas, Froschlöffel und Pfeilkraut, an die Ränder roten Mohn, orangefarbene Lilien, die leuchtenden Farben des Sommers. Mal überspielen breitblättrige Bergenien, eine ihrer Lieblingspflanzen, mal silbergraue Hasenohren die Geometrie der gepflasterten Wege. Und dann flanieren wir durch die Pergola, berauscht von neuen Düften und Blicken, an abwechselnd runden und eckigen Pfeilern vorbei, die mit Geißblatt und Klematis, Kletterrosen und wildem Wein bewachsen sind, bis wir am Ende der fast siebzig Meter langen Pergola durch *clairvoyees*, durch runde Fenster hinaus in die Landschaft blicken.

Hestercombe war nach dem Krieg Hauptquartier der Feuerwehr von Somerset. Die Gärten, inzwischen unter Denkmalschutz, hat die Grafschaftsverwaltung mustergültig restauriert. Mitte der neunziger Jahre begann auch der National Trust, einen weiteren Jekyll-Garten in Somerset nach ihren Pflanzplänen wiederherzustellen: die Lilien-, Iris- und Rosengärten von Barrington Court, einem Tudor-Landsitz südöstlich von Taunton.

Gertrude Jekyll entwarf mehr als hundert Gärten mit Lutyens, dazu etwa 260 andere in aller Welt. Die meisten hat sie nie gesehen, weder vorher noch nachher. Viel sehen konnte sie ja ohnehin nicht. In der Regel genügten ihr Zeichnungen, briefliche Informationen ihrer Klienten oder Erdproben, um detaillierte Pflanzpläne auszuarbeiten. »Sie kannte sich mit der Natur des Bodens, des Wassers und des Wachstums aus«, notierte der Gärtner Russell Page, lapidares Lob unter Kollegen. Anders als die Entwürfe der feudalen Landschaftsgärtner ließen sich Gertrude Jekylls Pflanzpläne in Tausenden kleiner Gärten in ganz England realisieren – auch von denen, die keine 14 Gärtner hatten wie die Besitzerin von Munstead Wood. Zwischen 1899 und 1925 schrieb sie 15 Bücher, die immer wieder aufgelegt wurden, allen voran *Colour Schemes for the Flower Garden*. Auf diesen Büchern, weniger auf ihren Gärten selbst, beruht Gertrude Jekylls anhaltender Einfluß. Denn gänzlich unverändert ist kein Jekyll-Garten erhalten, das liegt in der Natur der Sache (und der wechselnden Besitzer).

Obwohl sie als wesentlicher Bestandteil vieler Lutyens-Häuser entworfen wurden, unterliegen ihre Gärten nicht einem ebenso wirksamen Denkmalschutz wie die Architektur. Auch wo die Struktur erhalten blieb, wurde ihre Bepflanzung oft drastisch verändert. Etwa zwei Dutzend Jekyll-Gärten gelten als halbwegs originalgetreu. Strenge Gartenhistoriker mögen selbst Hestercombe als Nachschöpfung bezeichnen, doch ist dies der einzige, gänzlich nach Gertrude Jekylls Pflanzplänen originalgetreu restaurierte Garten. Und ihr eigener Garten in Munstead Wood, wo sie bis zu ihrem Tod 1932 lebte, mit drei Dienstmädchen und sieben Katzen?

»Miss Jekyll rather fat, and rather grumbly«: Dicklich sei sie und ziemlich knurrig, notierte Vita Sackville-West, als sie im Sommer 1917 die berühmte Gartenstatue in Munstead Wood besuchte. Und dann der etwas spitze Zusatz: »Garden not at its best, but can see it must be lovely.« Nach Gertrude Jekylls Tod hatten wechselnde Besitzer ihren Garten bis zur Unkenntlichkeit verändert. Erst 1992 gab der heutige Hausherr, der Bankier Sir Robert Clark, seinem (einzigen) Gärtner grünes Licht zur Rekonstruktion. Seither folgt Stephen King, »soweit möglich«, den Originalpflanzplänen Gertrude Jekylls, die inzwischen der Reef Point Gardens Collection der University of California gehören.

Im Spring Garden entfalten Narzissen, Tulpen und Iris, Goldlack und Primeln die Farbskala von Rot und Rosa über Blau und Gelb bis zum kühlen Weiß. Rosen, Päonien und Rittersporn, Lilien, Lupinen und Campanula, Mannstreu und Wolfsmilch bestimmen, sorgfältig abgestuft, die Farbfolge im angrenzenden Sommergarten. Auch die Birken zwischen den Rhododendren hat Stephen wieder angepflanzt und, sein ganzer Stolz, den Primelgarten mit einem Dutzend verschiedener Arten.

Nur wenige Schritte von ihrem Garten entfernt liegt Gertrude Jekyll begraben, im Schatten der Kirche von Busbridge. Die Glasmalereien stammen von Edward Burne-Jones und William Morris & Co (1899), das Chorgitter von Edwin Lutyens (1897). Mehr als dreißig Jahre später entwarf der Architekt auch das Grab von Gertrude Jekyll und ihrem Bruder. »Artist, Gardener, Craftswoman« ist auf ihrem Stein zu lesen und das stolze Horaz-wort: »Non omnis moriar – Ich werde nicht ganz sterben« (Ode III, 30). Rosen und Bergenien wachsen auf Gertrude Jekylls Grab, und ihre Gartenstiefel stehen nun im Museum von Guildford.

Ein Platz für Zier-Eremiten

Painshill Park in Surrey

Erst seit Mitte der neunziger Jahre ist einer der am meisten besuchten und gepriesenen Landschaftsgärten des 18. Jahrhunderts wieder in seiner ganzen Pracht zugänglich: Painshill Park bei Cobham. Er liegt eingeschnürt zwischen M25, A3 und A245, eine Oase im Kohlendioxid. Als Charles Hamilton dieses Gelände 1738 erwarb, war es ein ödes Stück Heide. Dort begann er, einen Park anzulegen, zur selben Zeit wie Lord Burlington in Chiswick und Henry Hoare in Stourhead. *Gardening* war die große Mode, der einzig angemessene Beruf eines Gentleman. Doch Charles Hamilton, vierzehntes Kind eines verarmten irischen Aristokraten, war weder begütert noch prominent. Einen Namen machte er sich erst und allein durch seinen Park. Den schuf er mit geliehenem Geld, und noch bevor er sich das zugehörige Herrenhaus bauen konnte, ging er bankrott.

Mehr als drei Jahre hatte Hamilton in Italien gelebt und Malerei studiert. Das Ergebnis ist Painshill Park, die perfekte Anthologie der pittoresken Landschaft. Im Zentrum die natürliche »Linie der Schönheit«, ein sinuskurviger See wie die *Serpentine* im Londoner Hyde Park, ein Kunstgriff durchaus auch praktischer Natur, denn mit seinen Inseln und Buchten läßt dieser langgestreckte See das

Gelände weitläufiger erscheinen, als es tatsächlich ist (damals 80, heute 60 Hektar).

Wie Ostereier verteilte Hamilton seine Überraschungen am Wegrand: die Ruinen einer gotischen Abtei und eines antiken Mausoleums (natürlich künstliche Ruinen), chinesische Brücken, ein türkisches Zelt, ein römischer Tempel, Klassisches und Romantisches, Orient und Okzident vereint in einer kleinen Weltlandschaft, in einem grünen Universum jenseits der Geschichte. Die Einheit des Ortes verbindet alle Gegensätze der Zeit, die Vielfalt der Stile ist ästhetisches Programm, das Spiel mit den Zitaten noch nicht verkommen zu postmoderner Beliebigkeit. Stourhead ist ein Park der literarischen Assoziationen, Painshill vor allem ein visuelles Konzept, »eine Studie über Zeit und Bewegung wie in einer chinesischen Bilderrolle«, schreibt der Landschaftsarchitekt Geoffrey Jellicoe, Hamiltons Nachfolger im 20. Jahrhundert.

Hamilton pflanzte wie ein Maler. Lichtkontraste, Blickpunkte, Rahmenmotive, alles war komponiert nach den Regeln der Kunst und zugleich reine Natur, von der »alpinen Wildnis« einer Fichtenschlucht bis hin zu einem Tal, in dem der Herbstnebel sich sammeln sollte wie auf einer Freilichtbühne. Painshill Park ist eine Folge von Stimmungsbildern. Ein Bacchus-Tempel verbreitete elysische Heiterkeit, das Mausoleum erinnerte an Vergangenheit und Vergänglichkeit.

Zum *Tableau vivant* dieser Seelenlandschaft gehörte auch eine Eremitage, eine strohgedeckte Hütte, für die Hamilton in Zeitungsinseraten einen Einsiedler suchte, ein lebendes Kunstwerk der Einsamkeit: »Der Eremit sollte mindestens sieben Jahre in der Eremitage bleiben.

Er wird mit einer Bibel, mit optischen Gläsern, einer Fußmatte, einem Betschemel, einem Stundenglas, mit Wasser und Nahrung ausgestattet. Er muß eine Kamelottrobe tragen und darf sich nie, unter keinen Umständen, das Haar, den Bart oder die Nägel schneiden noch den Grundbesitz von Mr. Hamilton verlassen oder mit dessen Dienern sprechen.« Solchen Berufsbedingungen war der Eremiten-Darsteller von Painshill nicht gewachsen; nach drei Wochen fand man ihn in einem Pub in Cobham.

Ornamental hermits, Zier-Eremiten waren im 18. Jahrhundert sehr beliebt und hochbezahlt, ein Spezialistenberuf für Sonderlinge. In seinem Roman *Der kürzere Atem* hat Dieter Bachmann 1998 dieses Motiv literarisch wiederbelebt. Sein Held, Schlösser, auf der Suche nach dem wahren, besseren Leben, reist nach England, zurück zur Natur und zu sich selbst. Im Landschaftspark eines Aristokraten läßt Schlösser sich als Einsiedler engagieren, um die »Systematik der Verweigerung« zu üben, studiert seine Vorbilder, von Hieronymus bis Thoreau, und kehrt, als er seinen Kunstfehler erkennt, doch lieber wieder zurück in die Niederungen der Moderne. Painshill ist eben nicht Arkadien.

Charles Hamilton war einer der ersten, der amerikanische Bäume und Sträucher in großer Zahl pflanzte, nicht nur als einzelne Schaustücke: Tulpenbäume, Magnolien, Azaleen, Sumpf- und Atlaszedern. Hamiltons Kiefern wurden von seinem Freund Horace Walpole bewundert, seine Fichten von Carl von Linné. Auch einen Weinberg legte er an (»My vine has a finer flavour than the best champagne«), züchtete Jakobsschafe, und hinter der Fassade der gotischen Abteiruine betrieb er eine Ziegelbrennerei. Doch nichts war profitabel genug, um seine Schulden zu bezahlen.

1773 mußte er den Park, sein Lebenswerk, verkaufen. Im selben Jahr erschien eine Ansicht von Painshill sogar auf Wedgwoods großem Tafelservice für die Zarin Katharina II. Horace Walpole und andere Trendsetter der Londoner Society priesen diesen Park. »Pray follow me to Mr. Hamilton's«, schrieb Elizabeth Montagu: »I must tell you it beggars all description, the art of hiding art is here in such sweet perfection ...« Gleich zwei spätere amerikanische Präsidenten, John Adams und Thomas Jefferson, besuchten Painshill 1786 auf ihrer englischen Gartenreise. Nicht den historischen Rang dieses Parks muß man heute rühmen, wohl aber seine Restaurierung.

Nach dem Zweiten Weltkrieg war Painshill fast vergessen und völlig verwildert, sein kunstvoller Reigen von Pavillons und Brücken nahezu gänzlich verfallen. Schließlich ergriffen Einheimische die Initiative, 1981 wurde eine Stiftung gegründet, die Restaurierung begann. Daß sie so authentisch gelang, dazu trugen archäologische Bodenbefunde ebenso bei wie William Gilpins Skizzenbuch von 1772 und andere, reichlich vorhandene dokumentarische Quellen. Pflanzen wurden datiert, Wege und Gebäude rekonstruiert. Stahlrahmen stabilisieren nun den gotischen Tempel mit seinen filigranen Kielbögen, und auf einer Anhöhe am See steht wieder das Türkische Zelt, leuchtend in Weiß, Blau und Gold. Dieses Zelt, dessen Panorama-Ausblick Hamilton besonders liebte, kann man heute für Feste im Freien mieten.

Am schwierigsten erwies sich die Wiederherstellung der Grotteninsel. Stalaktiten aus Stuck und Tuff, die Wände aus Quarz, Flint und verschiedenfarbigen Kristallen, wie eine Märchengrotte hatte Hamilton sein spektakulärstes Parkwerk geschaffen. Ein Zapfen aus Holz bildet den Kern jedes Stalaktiten, an den die Kristalle und Fluorite einzeln in Handarbeit geklebt werden. Neben Spezialisten helfen Hunderte von Freiwilligen, Studenten und Langzeitarbeitslose bei der Restaurierung von Painshill – exemplarisch für eine gartenbegeisterte Nation.

Indes mag man ein wenig auch bedauern, was bei so gründlichen Gartenrestaurierungen unausweichlich verlorengeht: die romantische Atmosphäre von Verfall und ruinöser Schönheit.

Hummer im Grünen: Ivan Hicks

Eine Geschichte aus drei Gärten

Blau blüht der Ceanothus, und einer seiner Zweige endet in einer Frauenhand aus blauem Plastik. Wie abgeschnitten schwebt sie über einer alten Schreibmaschine, deren Tasten langsam überwuchert werden von immergrünen Sukkulenten. Auf einer Säule, bemalt mit einem Wolkenhimmel, trotzt ein Ventilator dem Wind. Zwischen Birnenspalier und Passionsblumen lehnen ein paar Schaufensterpuppen an der Gartenmauer. »Manchmal sitzen Pfauen im Büro«, sagt Ivan Hicks. *The Future of Offices* nennt er dieses Ensemble, als habe er hier den Geist Magrittes aus einer Samentüte geschüttelt.

Unter Englands Gärtnern ist Ivan Hicks der exzentrischste, sein *Garden in Mind* die bizzarste Blüte im Land der blühenden Gartenphantasie. Wenige Meilen nordöstlich von Portsmouth, wo die Straßen sich in den Hügeln der South Downs verlieren, auf den Gütern von Stansted Park, im ehemaligen Küchengarten des Herrenhauses hat Hicks seine grüne Traumwelt eingerichtet. Der Eintritt kostet zwei Pfund und einen Penny. »Zwei Pfund für den Garten, einen Penny für die Kunst«, erklärt Hicks. »Oder umgekehrt.« Indes kann man auch in surrealistischer Währung zahlen, mit einem Hummer oder einer Puppe, einem Spiegel oder einer Riesenmuschel.

Im weiten Geviert der Ziegelmauern summen die Bienen. Wie immer übernimmt Dusty die Führung, der getigerte Kater von Ivan Hicks. Wir gehen durch eine Ginkgo-Allee, durch einen gotischen Lorbeer-Bogen, an Sträuchern vorüber, in deren Geäst gedrechselte Tischbeine baumeln. Zwischen hohen Gräsern stehen Armierungseisen, die in rostroten Spiralfedern enden, exotische Blüten der Stahlbetonzeit.

Wie eine riesige Trichterwinde ragt ein alter Bahnhofslautsprecher aus dem Gebüsch. Zufrieden reibt Dusty seinen Rücken an einem Aluminiumspiegel, der scheppernd zu Boden fällt. »Ein ziemlich beweglicher Garten«, meint Hicks, »fertig wird er wohl nie.«

Angefangen hat das alles 1991, als Auftragsarbeit für die BBC-Serie *Dream Gardens.* Sie gaben ihm 500 Pfund und ein Stück Brachland. »Es war eine große leere Leinwand«, sagt Ivan Hicks. »In einem Sommer machten wir daraus einen wunderbaren Garten.« Was auf den ersten Blick so chaotisch wirkt wie ein überwachsener Schrottplatz, ist ein genau kalkuliertes Pflanzbeet der Ideen, ein Zaubergarten voller Symbole und Zeichen, hermetisch wie ein *hortus conclusus* mittelalterlicher Stundenbücher.

»Meinem Entwurf liegt die mythische Vorstellung des Weltbaums zugrunde. Dieser kosmische Baum, der das Universum bedeutet, hat seine Wurzeln in der Unterwelt, im Unbewußten; sein Stamm ist die Erde, das Bewußtsein; und seine Zweige reichen in die Überwelt, ins Transzendente. Diesen drei Stadien entsprechen Geburt, Leben und Tod«, erklärt Hicks, so selbstverständlich, als ginge es um Erbsen, Bohnen und Kartoffeln.

Der Garten als Symbol der Lebensreise, mit verschiedenen Stufen, verschlungenen Pfaden und Scheidewegen – es ist eine Geschichte aus uralten Zeiten, die hier neu erzählt wird mit der kombinatorischen Phantasie der Moderne. Spielerisch verbindet Hicks das Immergrün der Gartenarchetypen mit Fundstücken des Alltags. Da steckt das Blatt einer Kreissäge, rostbraun, zwischen den lanzettscharfen Blättern einer Agave. Auf dem Rand eines Wasserbottichs liegt eine alte Tuba, kupfergrün, mit lianenartig wuchernden Ventilen, und bläst über purpurschwarze Tulpenköpfe hinweg ihre Magritte-Melodie.

Hier treffen sich, formverwandt und fremd, die Dinge und die Pflanzen, Hybriden einer dadaistischen Gartenkunst. »Ich liebe weggeworfene Sachen. Man muß sie nur finden und neu einsetzen, schon führen sie ein anderes Leben.« Statt Rosen zu züchten, kultiviert Hicks die zweite Natur der Dinge. Dies ist ein Garten der Collagen und Metamorphosen. Immer noch lebt die Nymphe im Lorbeerbaum, aber nebenan verwandeln sich auch die Readymades: Daphne meets Duchamp. »Gardening is a combination of hairdressing and cooking«, sagt Hicks: Was man beschneidet, wächst nach wie beim Friseur, und es ist ähnlich kreativ wie Kochen.

Zu seinen Lieblingspflanzen zählt er Farne, Gräser und Fingerhüte, »Pflanzen, die viel Bewegung in sich haben und sich selbst aussäen, denn das ist die natürliche Energie des Gartens«. An langen Stielen schwingen die gelbgrünen Doldenblüten der Euphorbien, von denen allein zwölf verschiedene Arten in seinem Garten wachsen.

Schlangenförmig windet sich der Pfad durch ornamentale Riesengräser. »Wir sind im Paradies«, sagt Hicks. Da bleiben wir naturgemäß nicht lange. Schon sehen wir mitten im Grünen ein Bild der gescheiterten Hoffnung, ein gestrandetes Boot, aus dem nur noch ein paar Beine ragen – arme Seelen auf dem Weg in die Unterwelt. Wie eine riesige Träne hängt eine Boje, mit Wolken bemalt, unter einem Baldachin aus wildem Wein. So kommen wir, am Ende des Gartens, zu einem Teich und einem blauen Haus. Eine Pflugschar am Dachfirst gibt der kleinen Chinoiserie den Pagodenkick. »Wir sind im Himmel«, sagt Hicks, »das ist der *Pool of Life.*« Hier könnten wir einen Sommertag lang meditieren. Aber was wächst denn da aus dem Hartriegelstrauch? Hohe Eisenstangen, an denen Harken und Schaufeln stecken – »digging the clouds«, was man eben so braucht zum Umgraben der Wolken.

Ein kleines Mädchen, das mit seinen Eltern den *Garden in Mind* besuchte, hat ihm das schönste Kompliment gemacht: »This can't be a garden, mum – it's too much fun!« Hicks lacht. Er hat ein hageres, wetterbraunes Gesicht, Regenrinnenfalten. Graublaue Augen, schulterlanges Haar, ein Späthippie mit Erde unter den Fingernägeln und den Kopf voller Grillen.

Ivan Hicks, Jahrgang 1944, ist in Süd-London aufgewachsen, in einer Familie mit acht Kindern. Sein Vater war Koch bei der Luftwaffe und Ivan nicht gerade ein Mustersohn. »Statt zur Schule ging ich viel lieber in die Tate Gallery, ins Victoria & Albert Museum, in alle möglichen Museen.« Damals begann seine Lust auf Bilder. Seine frühesten Gartenerinnerungen? »Trümmergrundstücke in London, da spielten wir als Kinder am liebsten, in verwilderten, verlassenen Gärten.«

Nein, der Typ für Sonntagsausflüge nach Kew Gardens war er nie. Was er suchte, war exotischer als alle Treibhausblüten. Reisen wollte er, nach Indien. »I did the hippie thing«, sagt Hicks. Trampte durch Frankreich, nach Rom und Marokko. Verdiente sein Geld als Traubenpflücker, Pflastermaler, Straßenmusikant. So kam er bis Griechenland, und als er weiter wollte nach Indien, steckten die Athener Obristen ihn erst einmal in den Knast.

»Richtig ausgebildet war ich eigentlich für gar nichts. Ich wußte nicht, was ich wollte. Aber im Innersten war ich immer davon überzeugt, ein Künstler zu sein.« Hicks kehrte zurück nach England, jobbte als Lastwagenfahrer für einen Holzimporteur. »Bäume habe ich schon immer geliebt. Wissen Sie, daß jeder Mensch vier Bäume zum Atmen braucht?« Damals begann er, ernsthaft zu studieren, Baumzucht und Gartenbau am Merrist Wood College in Surrey. »Das war wohl ein Wendepunkt in meinem Leben.« Doch dann traf er den Mann, der sein Guru wurde, sein Indien-Ersatz, der Pate aller seiner Gärten: Edward James.

Edward James war ein Ästhet, *seriously rich*, ein Exzentriker, von dem Dalí sagte, er sei »der surrealistischste von uns allen«. Dieser Saatchi der dreißiger Jahre war ein besessener Sammler, zu Hause in den Salons der europäischen Avantgarde, befreundet mit Magritte, de Chirico, Dalí, ein Mäzen der Moderne, der die bedeutendste Privatsammlung des Surrealismus in England etablierte. Und nun, 1974, suchte Edward James einen Gärtner für West Dean, seinen Landsitz in Sussex.

»Es schien mir fast so, als sollten wir uns begegnen«, sagt Ivan Hicks. »Ich hatte mich immer für Kunst interessiert, besonders für die Surrealisten. Und Edward James suchte einen Obergärtner, der sich besonders für Bäume interessierte.« Es waren zwei Exoten, die sich da trafen, Paradiesvögel aus gänzlich verschiedenen Welten, ein dreißigjähriger Hippie und ein mehr als doppelt so alter Millionär. »Er trug schwarze Lackschuhe mit Silberschnallen, einen phantastischen Hausmantel und nichts darunter«, erinnert sich Hicks an ihre erste Begegnung in Monkton. »Ich fuhr durch den Wald zu seinem Haus. Ringsum Pfauen und Silberfasane, Hunderte! Ein unglaublicher Ort.«

Monkton war ein surrealistisches Traumhaus. Mitte der dreißiger Jahre hatte sich Edward James diese Jagdhütte am Rand seiner Güter von Salvador Dalí umbauen lassen, nach allen Regeln der Paranoia: lila die Außenmauern, die Abflußrohre wie Bambus, Säulenpalmen aus Bronze, transparente Alabasterwände im Bad. Schwarz drapiert wie Nelsons Leichenwagen war das Bett, in dem der Hausherr schlief, und von der nachtblauen Glasdecke über ihm leuchteten, auf Knopfdruck, Mond und Sterne. Man saß, erinnert sich Hicks, auf den Lippen von Mae West, den roten Sofa-Ikonen von Dalí, und mit seinem Hummertelefon, heute in der Tate Gallery, telefonierte Edward James mit Gott und der Welt.

Der Hummer, den Hicks später in seinem eigenen Garten auf einen alten Rasenmäher montierte, ist ein spielerisches Echo jener Jahre. »Oder denken Sie an den surrealistischen Dichter Gérard de Nerval, der gelegentlich mit einem Hummer an der Leine spazierenging.« Solche Geschichten hörte Hicks damals im Kreis von Edward James, der es liebte, Hof zu halten und auf Reisen seinen Obergärtner mitzunehmen wie Nerval seinen Hummer. »Er hatte die Aura und die Launen eines Königs. Wehe, einer seiner Leute fällte einen Baum. Wenn etwas über den Weg wucherte, sagte er: ›Laßt es wachsen – verlegt doch den Weg!‹«

Indes hatte dieser bizarre Mann erstaunliche botanische Kenntnisse. »Eigentlich wollte er immer ein Gärtner sein«, sagt Hicks. »Er schrieb einen wunderbaren Roman, *The Gardener Who Saw God*, die Geschichte eines Landlords, der sein eigener Obergärtner ist. Um diesen Doppelcharakter geht es und um eine Zauberwurzel, die Alraune, die ja auch ein Zwitterwesen ist, halb Mensch, halb Pflanze.«

Zehn märchenhafte, verrückte Jahre verbrachte Hicks mit dem Patriarchen von West Dean. In Xilitla, tief im mexikanischen Dschungel, hatte Edward James ein Stück Regenwald erworben, um dort seltene Orchideen zu züchten, die er so leidenschaftlich sammelte wie surrealistische Kunst. Auch dabei beriet ihn Hicks, brachte ihm englische Rosen nach Mexiko und geschmuggelte Pfauen – ein Gärtnerjob wie aus *Monty Python's Flying Circus.* In seinem Cottage in Stansted Park zeigt er mir die Briefe, die Edward James ihm schrieb: »Mr. Gardener Superbissimum Hicks, Head Arboriculturist in Waiting« – Hunderte von Briefen, mit genauen Anweisungen, voll von Anekdoten, Zeichnungen und Collagen, poetisch, parodistisch, die phantastischsten Briefe, die je ein Gärtner von seinem Patron bekam.

Wenn er in Mexiko stürbe, hatte Edward James verfügt, sollte man ihn in einer Plastikröhre hinter einem seiner Wasserfälle beisetzen. Stürbe er in England, wollte er unter den Bäumen von West Dean begraben werden. Dieses Arboretum liebte er mehr als jeden anderen Teil seiner Güter. Es ist ein etwa 17 Hektar großer Park, wo seit dem frühen 19. Jahrhundert Bäume gepflanzt wurden, deren Schönheit auch nach den großen Stürmen fragmentarisch noch zu sehen ist: Raritäten wie *Aurea pendula*, nordamerikanische Koniferen, Davidien und Tulpenbäume. Dort liegt Edward James begraben, umgeben von alten Lebensbäumen, Atlaszedern und Tränenkiefern.

Bäume! Da leuchten seine Augen. »Ich bin selbst ein halber Baum«, sagt Ivan Hicks. Sein *Garden in Mind* ist eine Hommage an den mythischen Weltbaum, zugleich ein Arboretum en miniature. Da wachsen Silberbirken und Silberpappeln, chinesische Rosenkranz-Pappeln, amerikanische Birken, deren Rinde sich wellt wie weißer Papyrus, tibetanische Kirschen mit roter Rinde, blaugrüne Atlaszedern und Zypressen – ein Baumkosmos im Küchengarten. Seine drei Lieblingsbäume? »It's oak, oak, oak! Jede Eiche hat eine andere Form, einen eigenen Charakter, lauter Individuen.« Aus Flintsteinen hat er einen graublau glitzernden Flußlauf ins Gras gelegt, auf beide Seiten englische Eichen gepflanzt und so gebogen, daß sie zu einer Brücke zusammenwachsen. »My Millennium Bridge«, sagt Hicks. »Ich hoffe, mein Sohn Oliver kann da eines Tages rübergehn.«

So sehr liebt dieser Mann die Bäume, daß er sogar den Sanddorn vom Busch emporgetrimmt hat in die Oberliga der Bäume. Damit seine Baumphantasien nicht zu schnell die engen Gartenmauern sprengen, hat er vor allem langsam wachsende Bäume gepflanzt, Eiben, Ilex und Ginkgo, auch Mammutbäume. Doch die wachsen ihm nun wieder zu langsam: »Weil ich den vollen Umfang eines Mammutbaums nie erleben werde, habe ich gleich zehn gepflanzt, in einem Kreis mit dem Durchmesser eines einzigen ausgewachsenen Stammes.« Zehn kleine Riesen, deren Zweige waagrecht verbunden sind zu einem Rundspalier, ein wunderbar kühler, duftender Bauminnenraum.

Auch einen *Rapunzel Tower* gibt es in diesem Zaubergarten, einen Turm aus zehn Zypressen. Drei Trauerweiden sind zu einem Zelt vereint, vier Eichen zu einem Thron. »Mich fasziniert immer, mit welcher Entschlossenheit die Natur wächst«, sagt Hicks, als ob sie der eigentliche Schöpfer solcher Baumskulpturen sei, nicht er. Er tue ja nur, was die Natur ihm sagt, sagt Hicks. Und wenn er etwas sieht, was einfach so geradeaus und vor sich hin wächst, dann zuckt es in seinen Fingern – schwupp, schon biegen sich hier zwei Birken zu einem Bogen, dort zwanzig Haselstöcke zu einem grünen Gewölbe. »Gehn wir nicht gerne durch Bögen? Gärten sind voll davon.« Und Kirchen voll von Säulenschäften und Fächergewölben. Ja, sagt Hicks, »just giant trees, Wälder aus Stein.«

Wir gehen durch das Goldregentor der *Laburnum Ladies*, das von zwei Schaufensterpuppen flankiert wird, die Glieder unlösbar umrankt von Kletterrosen. Rostige Karren mit Eisenrädern parken im Geäst der Paulownien, die hellblauviolett blühen und in England *Foxglove tree* heißen, Bäume aus China, die Hicks so regelmäßig stutzt, daß der Stamm nun stufenförmig wächst, mit übergroßen Blättern. Bäume sind Träume. Sie kommen von weither, jeder mit seiner eigenen Geschichte, unendlich verzweigt, tief verwurzelt in Mythen und Visionen, in den Märchenwäldern der Romantik, in den Waldbildern von Max Ernst, im Surrealistengarten von Ivan Hicks.

Bei einem Pavillon aus sieben Espen bleiben wir stehen. »Das Laub der Espe zittert, weil aus ihrem Holz das Kreuz von Golgatha gezimmert wurde«, sagt Hicks. Solche Assoziationen liebt er. Was gäbe er um den Baum der Erkenntnis. So begnügt er sich mit dem Duft der Robinien. Und erklärt mir das keltische Baumalphabet: »Birke, Eiche und Eibe markieren die Wendepunkte des Jahres. Bäume waren für die Druiden die wunderbarsten Lebewesen, der Sitz ihrer Götter.«

Ein spiralförmiger Pfad führt auf den *Mound*, den Grashügel im Zentrum des Gartens. Kein bloßer Aussichtshügel natürlich, sondern so theorienträchtig wie Silbury Hill, der prähistorische Hügel im benachbarten Wiltshire. Hicks murmelt etwas von Gaia, dem göttlichen Schoß der Erde, und Angie, seine Frau, zitiert Robert Graves, die Weiße Göttin der Fruchtbarkeit, *»that stuff, you know«*. Dies ist ein Garten für Esoteriker und Botaniker, für Kinder und Künstler. Charles Jencks war sogar schon zweimal hier. Der Mann, der über postmoderne Architektur schrieb und jetzt in seinem Landschaftspark die Sprünge des Universums kreiert? »Ja«, sagt Hicks stolz, »beim zweiten Besuch brachte er sogar seinen Gärtner aus Schottland mit. Und beim Essen im Pub erklärte mir Jencks anhand eines Kohlkopfs seine Chaostheorie.«

Seit 1990, seit er West Dean verließ, ist Ivan Hicks als freischaffender Gartengestalter tätig. *Land Artist* nennt er sich nun gern. Schließlich hat er schon mit Künstlern wie Andy Goldsworthy zusammengearbeitet. Als Niki de Saint-Phalle mit ihren Freunden im Wald von Fontainebleau einen riesigen, begehbaren Kopf konstruierte, da sorgte Hicks dafür, daß dem Monster Klematis und Wilder Wein aus Mund und Augen wuchsen.

»Für mich ist die Landschaft eine große Leinwand, wie

für Capability Brown.« An Aufträgen fehlt es ihm nicht. Ob Stadträte, Firmen oder Privatleute, wer immer seine Grünflächen mit Hügelspiralen, Steinkreisen und Baumskulpturen veredeln will, der engagiert den Transplantationskünstler Ivan Capability Hicks. Am Stadtrand von Ashford in Kent entwarf er den originellsten Kreisverkehrs-Garten des Landes; BMW-Kunden gibt er Kurse in Topiary, der Kunst des Formschnitts; und in Peasmarsh Place in Sussex, wo Alice Liddell aufwuchs, pflanzte er Wunderlandmotive und Buchstabenbäume, ganz im Sinne von Lewis Carrolls *Mad Gardener's Song*.

Seinen bisher größten Auftrag erhielt Ivan Hicks von einem Londoner Grundstücksmakler, der 1993 einen Landsitz in Kent erworben hatte, Groombridge Place. Seit Peter Greenaway seinen Film *Der Kontrakt des Zeichners* dort drehte, pilgern auch Cineasten in den mysteriösen *Draughtsman's Garden*. Pfauen sitzen auf den Mauern, die schrillen Wächter solcher Orte. Ein kleiner Fluß, der River Grom, gab dem Dorf seinen Namen und dem Herrenhaus reichlich Wasser für Burggraben, Teiche und Gärten.

Zwei Jahrhunderte lang hatte die Waller-Familie hier gelebt. An einen von ihnen, den Dichter und Höfling Edmund Waller, erinnert der *White Rose Garden*, in dem allein zwanzig Arten weißer Rosen wachsen. »Go, lovely rose«, beginnt Wallers berühmtes Gedicht, und so endet es: »How small a part of time they share/That are so wondrous sweet and fair!«

Die Wallers hatten Groombridge längst verlassen, als das jetzige Haus dort entstand, 1662, aus rotem Backstein, mit hohen Sprossenfenstern, Walmdach und Gauben. Ein Jurist aus London lebte hier, Philip Packer, Gründungsmitglied der Royal Society, und am Weihnachtsabend 1686 zog er sich mit einem Buch an seinen Lieblingsplatz im Garten zurück, schlief in der Wintersonne ein und wachte nicht mehr auf. Von grauen Bruchsteinmauern umschlossen, ist dieser *walled garden* einer der wenigen, nahezu unverändert erhaltenen Regelgärten der Restaurationszeit, ein Ort der Intimität, betörend, rätselhaft. An den Rändern stehen bizarr gestutzte Eiben, Buchsbäume und Stechpalmen, wie Figuren aus dunklen Träumen.

Dieser Garten ist der Hintergrund, besser: Hauptdarsteller in Peter Greenaways Film *The Draughtsman's Contract.* Ein Gesellschaftsspiel, ein Kriminalfall auf einem Landsitz Anno 1694: Die Frau des Hausherrn engagiert einen Zeichner, der in den zwölf Tagen der Abwesenheit ihres Mannes zwölf Zeichnungen von Haus und Garten anfertigen soll. Zum Honorar gehört, laut Vertrag, auch die Gastfreundschaft der Hausherrin, und mehr als das. In die Ordnung des Barockgartens bricht das Regellose ein, Leidenschaft, die alle Regeln verletzt. Was der Zeichner sieht und akribisch festhält, deutet auf andere, schlimmere Dinge hinter der schönen Gartenwelt: Intrigen, Eifersucht, Ehebruch, vielleicht sogar ein Mord.

»Ich habe hier so etwas wie den Vertrag des Surrealisten«, sagt Ivan Hicks, »hoffentlich ohne das böse Ende des Zeichners.« Greenaways ironischer Kostüm- und Gartenfilm, der ja vor allem ein Diskurs über die Ästhetik der Bilder ist, ein Bilderrätsel über die Natur der Wahrnehmung, dieses Spiel mit Zitaten und Perspektiven hat Hicks durchaus fasziniert. Doch seine Gartenwelt ist das nicht. So artifiziell, so enigmatisch sein *Garden in Mind* erscheinen mag, im Grunde sucht er etwas sehr Einfaches: »It's paradise. I'm a dreamer«, sagt Hicks. »Jeder versucht doch, sich mit seinem Garten ein eigenes Paradies zu schaffen, eine andere Welt, in die er entfliehen kann. Eine Traumwelt, voll von schönen Pflanzen.« Alle Gartenzwerge dieser Erde haben diesen Traum. In allen Vorgärten, Dachgärten und Hinterhofgärten, in allen Kleingärten und Millenniumsgärten träumen sie vom Paradies. Gewiß kein schlechter Traum. Wenn nur die meisten Gärten nicht so langweilig wären.

Zwei Wege führen in den *Enchanted Forest*, den Märchenwald von Groombridge. Der eine führt durch die Weinberge, eines jener heroischen englischen Versuchsgelände, der andere einen Kanal entlang, dessen Ufer Ivan Hicks mit Weiden bepflanzt hat, die in ein paar Jahren zusammenwachsen werden zu einem grünen Wassertunnel. Durch ein großes, aus Weiden geflochtenes Tor, halb Fischreuse, halb Biedermeierhut, betreten wir das Dorf der Groms. »Die Groms sind ein keltisches Waldvolk, das sich vor 2000 Jahren hier angesiedelt hat«, erklärt Hicks, »Baumwesen der verschiedensten Art, Haselnußleute, Eichen- und Eschenfamilien, und sie alle machen die unterschiedlichsten Dinge aus Holz, Brücken und Türen aus Eiche, Zelte aus Efeu – Sie sehen es ja hier.«

Aus hohlen Holzstämmen haben sie sich kreisrunde Fenster geschnitten, die in der bemoosten Uferböschung eines Teiches stecken, wo einige Groms wohnen, »under Moss Wood«, unter dem Mooswald. Andere hausen drüben in der Eiche, zwischen deren Wurzeln eine winzige Tür zu erkennen ist. Natürlich verschwinden die keltischen Wichtelmännchen, wenn Leute wie wir kommen.

Aber Kinder dürfen in ihren Häusern spielen, in den Waldhütten aus gebogenen Haselstöcken und Weidenruten, und wenn sie die Geheimsprache der Groms gelernt haben, ihr Baumalphabet, dann finden sie vielleicht auch die Silberkugel, die sie unsichtbar macht, und das goldene Ei der Unsterblichkeit.

Mit seinem Fantasy-Wald hat Hicks den Groms von Groombridge eine eigene, fiktive Welt geschaffen. Sie liegt irgendwo zwischen Tolkiens Mittelerde und dem Land Narnia von C. S. Lewis. Wie die Hobbits lieben auch die Groms »Frieden und Stille und einen gutbestellten Boden«, und sie hassen die moderne Technik. Sein Märchenwald sei ein Versuch, den Kindern ein Stück Natur als Alternative anzubieten zur virtuellen Welt der Computer- und Videospiele, sagt Hicks. »Ich selbst spiele hier wie in meiner Kindheit.«

Nicht weit von diesem Fantasy-Spielplatz liegt ein geheimnisvoller Teich im Wald. Halb versunken im Wasser eine antike Maske. Eisenstangen mit Baumwurzel-Köpfen, gepfählte Schädel von Vögeln und Schafen. Ringsum im Geäst schaukeln Kugeln und Spiegelscheiben, in denen das Licht sich bricht wie fernes Wetterleuchten. »Zwischen Eiche und Mondstein«, sagt Hicks, »geht die Weltachse mitten durch den *Mystic Pool*.« Da wagen nicht einmal die Frösche zu quaken.

In einer benachbarten Lichtung hat der Schamane von Groombridge eine Doppelspirale aus Granit und Sandstein angelegt. »Unwind yourself to find yourself«, schlägt er vor, »entfalte dich, um dich zu finden.« Wie magische Köder sind die alten Symbole und Mythenreste im Wald verteilt. Doch die Wächter der heiligen Quelle, die

Schlangen am *Serpent's Lair* sind aus Plastik, und im Spinnennetz aus Weidenzweigen sitzt die Schwarze Witwe aus dem Horrorshop.

Solche Zutaten stammen von Andrew de Candole, seinem Auftraggeber, dessen Kreativität Ivan Hicks nicht immer bremsen kann. Wie dressierte Delphine springen die Karpfen im *Blue Pool*, wo der clevere Landlord einen Fischfutterautomaten aufgestellt hat. Nun will er mit literarischen Weinzitaten, in Messing graviert, den Weinberg dekorieren. Klanghölzer hat er schon aufhängen lassen, noch so eine Vorgartenidee. Wenn Ivan Hicks nicht aufpaßt, blühen in Groombridge Place bald am üppigsten die Blumen des Banalen.

Warum ist Heligan so sexy?

Das Gartenwunder von Cornwall

Tim Smit hat eine sehr einfache Theorie: »Wenn du in einem Garten keine Liebe machen kannst, wenn du dort nicht träumen oder dich betrinken kannst – asphaltier ihn doch, wozu ist er sonst gut?«

Mit solchen Brennesselsätzen traktiert Tim Smit gerne die Gentlemen der Royal Horticultural Society, wenn es um historische Gärten geht. Sissinghurst zum Beispiel, Nationalheiligtum der Blumenpilger, dort hat er zum ersten Mal ein Mädchen »so richtig geküßt«, als Schüler im benachbarten Cranbrook. »Wir pflegten nachts über den Zaun zu klettern, *it was great.* Das ist überhaupt die beste Zeit, um Sissinghurst zu sehen.«

Grinsend blickt er mich an, ein Kerl mit breitem, unrasiertem Kinn und hoher Stirn. Gekräuselte Nackenhaare, Holzfällerarme. Wenn je ein Bock zum Gärtner wurde, dann er, Tim Smit, ein Außenseiter ganz und gar, geborener Holländer, gelernter Archäologe, ehemaliger Popmusiker und Plattenproduzent. Ausgerechnet diesem Mann ist es gelungen, im Gartenparadies England ein Stück Wildnis freizulegen, das inzwischen zum meistbesuchten Garten des Landes avancierte, populärer noch als Stourhead und andere Ikonen der grünen Kunst.

Hinter dem Eingang bin ich gleich nach rechts abgebogen, mitten in den Dschungel. Chusan-Palmen, Bambusstauden, *Gunnera manicata,* Sumpfpflanzen mit riesigen Regenschirmblättern. Gelb leuchten die Aronstäbe unten in der Schlucht. Baumfarne breiten ihre Fächer aus, *Dicksonia antarctica,* Bäume aus der Vorzeit. Wenn jetzt ein Dinosaurier auftauchte, es würde mich nicht überraschen. Statt dessen kräht irgendwo ein Hahn. Wir sind nicht am Amazonas, sondern in Cornwall, im Regenwald von Heligan.

Der Dschungel ist nur ein Teil dieser Gärten in den Hügeln über dem Fischerdorf Mevagissey. Ausgedehnte Blumen- und Gemüsegärten gehören dazu, ein Italienischer und ein Neuseeländischer Garten, Gewächshäuser, Obstplantagen, ein ganzer Gartenkosmos, der sich seit dem 18. Jahrhundert um das Herrenhaus von Heligan entwickelte, Nutzgärten, Ziergärten, exotische, verwunschene und am Ende gänzlich verlorene Gärten.

Heligan war ein Landgut, wie es in England Tausende gab. Kein aufregendes Haus, weder architektonisch noch gesellschaftlich. Seit der Tudorzeit lebten dort die Tremaynes, weitab von London, zufrieden mit ihrem eigenen Hof. Drei Generationen der Familie konzentrierten ihren Ehrgeiz auf die Gärten. Von den großen botanischen Expeditionen, aus den fernsten Winkeln des Empire besorgten sie sich Ableger, die im feuchten, milden Klima der Südküste Cornwalls weit prächtiger gediehen, wie sich zeigte, als das Empire selbst. Auch Arbeitskräfte waren noch billig; allein 22 Gärtner standen den Tremaynes im 19. Jahrhundert zu Diensten. Pfauen, Straußen und Affen trugen in edwardianischer Zeit zur Exotik der Gärten bei. Den Rasenmäher zog ein Esel namens Edward, bis er arbeitslos wurde,

1924, durch einen Motorrasenmäher. Doch da hatte der Niedergang von Heligan schon begonnen.

Nach dem Ersten Weltkrieg wurde das Haus vermietet, nach dem Tod des letzten männlichen Erben verkauft, später in Apartments unterteilt. Die Gärten verfielen. »Aber verloren waren sie für uns eigentlich nie, als Kinder spielten wir immer dort«, sagt Linda, meine Wirtin in Treleaven Farmhouse. Die Hälfte der Einwohner von Mevagissey, heißt es, sei im Palmendschungel von Heligan gezeugt worden.

»Ja, ein sehr fruchtbarer Ort«, lacht Tim Smit. Am 16. Februar 1990 sah er Heligan zum ersten Mal. Durch wuchernde Lorbeersträucher, über gestürzte Bäume und eingefallene Mauern bahnte er sich einen Weg, durch brusthohe Brennesseln und baumhohe Rhododendren, vorbei an den Ruinen von Gewächshäusern, deren Giebel wie sinkende Schiffe kieloben in der grünen Wildnis trieben. »Dieser Tag hat mein Leben verändert.«

Ursprünglich wollte Tim Smit in Heligan seltene Tierrassen züchten. Das lehnten die Planungsbehörden ab. Könnte nicht ein entlaufener Tiger in Mevagissey auftauchen, ein Krokodil aus der Kanalisation? Mißtrauisch verfolgten manche Einheimische auch den nächsten Plan des Plattenproduzenten aus London. Wollte er Heligans Gärten vielleicht nur restaurieren, um dort ein Popfestival zu starten, wie jener verrückte Bauer in Glastonbury? Während einer der vielen Gemeindeversammlungen flog plötzlich eine Fledermaus durch den Raum. Tim Smit fing sie nicht nur, er konnte sie auch sofort identifizieren: »Ein *Pipistrellus*, die kleinste britische Fledermaus.« So gewinnt man als Fremder selbst in Cornwall Respekt.

Im März 1991 begann in Heligan »die Gartenrestaurierung des Jahrhunderts« *(Times).* Rund sechzig Hektar Wildnis, keinerlei Gartenerfahrung außer jener Küsse in Sissinghurst: Unmöglich, warnten seine Freunde, die Größe, die Kosten – ruinös. »Auch die Gartenexperten des National Trust hielten mich für komplett verrückt.« Bei diesem Stichwort erinnert sich Tim Smit gerne an einen anderen Verrückten: »Sie kennen doch Fitzcarraldo? So etwa war das auch hier, als ob wir ein Opernhaus bauen wollten mitten im Dschungel.«

Ja, es war Wahnsinn. Und es hatte Methode. Anhand alter Karten, im Computer ausgewertet, wurden die Umrisse der Gärten, die Chronologie ihrer Entwicklung, sogar das ursprüngliche Wegenetz rekonstruiert, verlandete Teiche freigelegt und der Morast so sorgfältig entfernt, daß die romantische Uferkulisse erhalten blieb. Die hydraulischen Pumpen, die das Gut mit Wasser versorgten, wurden von derselben Firma restauriert, die das Originalsystem 1880 installiert hatte, ein erstaunliches Werk früher umweltfreundlicher Technologie.

Abgesehen vom Arbeitsbuch eines Obergärtners waren fast alle Pflanzendokumente verloren. Doch mit Metalldetektoren fanden Heligans Gartenarchäologen unter knietiefen Schichten von Laub und Erde mehr als 250 alte Pflanzenetiketten aus Zink oder Blei. Und so genießen wir heute wieder das authentische Vergnügen viktorianischer Rabatten: Allium und Astrantia, *Campanula latiloba, Sedum spectabile.* Und am Ende des Sundial Garden die mächtige Davidia mit ihren Taschentuchblüten.

Von Anfang an suchte Tim Smit den Rat der Männer mit dem grünen Daumen. Er engagierte einen Spezialisten für viktorianische Küchengärten; ein Experte der Bamboo Society identifizierte die verschiedenen Bambusarten, ein anderer die naturalisierten Baumfarne von Heligan, eine der umfangreichsten Sammlungen in Europa. Auch Dendrologen gehörten zu seinem Team, denn die Tremaynes hatten nicht nur Araukarien, Steineiben und Hunderte von Palmen gepflanzt, sondern auch fernöstliche Raritäten wie die *Toona sinensis, Pinus thunbergii* und eine ganze Allee mit *Cornus capitata,* Bäume aus Nepal mit buttergelben Blüten. Hier sollten wir Waldhörner ertönen lassen, wie der große Carl von Linné das tat, wenn er eine seltene Pflanze gefunden hatte.

Gartenhistoriker, Botaniker aus Kent, viele Experten trugen zur Restaurierung von Heligan bei. Doch die tägliche, jahrelange Klein- und Knochenarbeit taten andere, Gruppen von Freiwilligen und Arbeitslosen. Nur ein Besessener wie Tim Smit konnte dieses »unglaubliche Team« motivieren, ein Hasardeur mit grenzenlosem Selbstvertrauen, der andere dazu brachte, wieder an sich selbst zu glauben. »Viele waren in einer richtigen Abwärtsspirale, bevor sie Heligan fanden und ihr Leben wieder in den Griff bekamen. Wenn man ihnen diesen Garten nähme, würden sie sterben.«

Tatsächlich gibt es eher den umgekehrten Fall. »Manchmal löst ein einziger Besuch den Wunsch aus, in Heligan begraben zu sein oder wenigstens einen Baum oder eine Bank zur Erinnerung zu stiften«, sagt Tims Assistentin Kary. »Ja«, bestätigt Mick, ihr Kollege, »man kann seine Asche hier im Garten beisetzen lassen, aber wir können nicht verhindern, daß die Hunde sie wieder ausgraben.« Doch das scheint zum Letzten entschlossene Gartenfreunde nicht zu schrecken. »Wir haben zur Zeit vier Anfragen dieser Art, sehr bewegend«, sagt Tim Smit. »Mein Gott, denkt man plötzlich, so viel bedeutet manchem dieser Garten. Da spürt man auch, welche Verantwortung wir haben.«

Heligan ist ein Zauberwort, das an tiefere Schichten rührt als die Chelsea Flower Show. Gartenbegeisterung allein, das englische Nationalfieber, kann diese Faszination nicht erklären. Tim Smit selbst, kein Mann der kleinen Worte, nennt die Restaurierung von Heligan »eine Metapher der Erlösung und Entdeckung«. Die Geschichte dieser wunderbaren Regeneration weckt durchaus Hoffnungen höherer Natur, und wer auf konfessionellen Gottesäckern keinen Frieden findet, der mischt seine Asche mit dem Humus von Heligan.

»The Lost Gardens of Heligan«, das klingt nach Vineta, nach Miltons wiedergefundenem Paradies, zumindest nach Dornröschen. Kein Garten hat einen romantischeren Titel als dieser, und keiner hat seine Blütenträume medienwirksamer inszeniert als Tim Smit. Gartenrestaurierung? Ach was, ein Dschungelabenteuer mitten in Cornwall, eine Expedition ins subtropische, viktorianische Unterholz. Hier war, am Ende des 20. Jahrhunderts, noch einmal jemand aufgebrochen wie einst die Pflanzenjäger des verlorenen Empire, und seine botanische Schatzinsel hieß Heligan.

Von Anfang an dokumentierte das Fernsehen diese Wiederentdeckung. Die landesweite Publicity lockte mehr als sechzig Sponsoren. Der Fernsehserie folgte ein Buch, das mit fast 100 000 Exemplaren zum Bestseller wurde. Heligan bekam zwei Sternchen im *Good Gardens Guide*, dem Michelin der Gartenfans, und *Country Life* kürte den PR-Profi Tim Smit zum »Gärtner des Jahres«. »Wir sind berühmt«, sagt er, zufrieden grinsend wie der bockbeinige Pan nach einem Gartenabenteuer.

»Gardening is the new sex«, schrieb jüngst die *Times*. Heligan ist so sexy wie *tiger lily*, die Feuerlilie: vital, üppig, voll von Überraschungen. »Wir langweilen die Besucher nicht mit National-Trust-Werten, mit *heritage*–Gerede und diesem ganzen Zeug«, sagt Tim Smit. Kein »historisches Erbe« wird hier auf einen Sockel gestellt, als sei die Vergangenheit ein besserer Ort. Geschichte, zumal Gartengeschichte, ist ein großer Komposthaufen, und den haben meist die bewegt, deren Namen nicht in den Geschichtsbüchern stehen, sondern wie in Heligan auf den Wänden der Gartentoilette.

Die Graffiti, die Tim Smit dort fand, waren Namen junger Gärtner, die vor 1914 in Heligan gearbeitet hatten. Fast alle waren sie nicht zurückgekehrt von den *killing fields* in Flandern oder Gallipoli. Ihren Alltag hatte Tim Smit vor Augen, als er die »Verlorenen Gärten von Heligan« restaurierte: »Wir wollten das Leben dieser einfachen Männer und Frauen feiern, die mehr als die Lords und Ladies zur Blüte solcher Gärten beigetragen haben.«

Was von ihrer Arbeit übrigblieb, ist in einem Schuppen gesammelt: Spaten, Hacken und Hippen, Jätekrallen und Distelstecher, Kantenstecher, Rillenzieher, Köpfschippen und Hohlspatel, Häufler und Karst, ein ganzes Arsenal alter Gartengeräte, manche Namen nun schon so fremd wie ihr Gebrauch, fast schon abstrahiert zu reinen Designobjekten von nostalgischem Reiz, wäre mit ihrem Anblick, in diesem dämmrigen Schuppen, nicht doch noch die Erinnerung verbunden an soviel Schwielen und gekrümmte Rücken. Auch ein paar Giftzerstäuber aus Messing liegen da. Daß die Viktorianer gesunde, organische Methoden der Gärtnerei betrieben, ist eine Legende. Sie spritzten mit Schwefel, Cyanid, Nikotin, Strychnin, und zwar fast alle Pflanzen. Gewächshausgärtner hatten keine hohe Lebenserwartung. Nicht umsonst hießen diese Giftzerstäuber *widow-makers*.

Fragt man Tim Smit nach seinen Lieblingspflanzen, dann nennt er keine botanischen Raritäten und Beauties, sondern Wildblumen und Brombeeren, »die naiven Pflanzen, so etwas Unschuldiges wie Schneeglöckchen«. Es sind auch nicht die exotischen Winkel von Heligan, die er am liebsten aufsucht, sondern die Nutzgärten. Wenn er die langen Reihen der Gemüsebeete sieht, das Spalier der Apfelbäume, Pflaumen und Aprikosen, Kletterbohnen, Stangenbohnen, dann überkommt ihn Breughelsches Behagen, »das Gefühl der Fülle, die Fruchtbarkeit des Bodens.«

Allein Kartoffeln, welche Vielfalt! *Edzell Blue* und *Golden Wonder, May Queen, Belle de Fontenay* – Namen wie Rosen, jede Sorte mit eigenem Geschmack. Doch längst ist diese Vielfalt bedroht durch stupide Standardisierungsgesetze der EU. »Unglaublich, wie fad heute Obst und Gemüse aus Supermärkten schmecken«, sagt Tim Smit. Eine landesweite Kampagne will er starten gegen die auch genetisch gefährliche Nivellierung unserer Lebensmittel. Wer einmal das Biogemüse von Heligan gekostet hat, wird Brüsseler Einheitstomaten nur noch als Wurfgeschosse benutzen.

Aber was ist das? Eine Reihe gemauerter Gräben, mit

Glas und Holzplanken abgedeckt. Tim Smit zieht einen der Glasrahmen zurück. Ananasdüfte wehen mir entgegen, unvergleichlich intensiv. *»Jamaica Queen«*, sagt Tim Smit stolz, als sei's die Königin persönlich. Diese unscheinbare Anlage ist das kuriose Prunkstück von Heligan: ein originalgetreu restaurierter georgianischer Ananasgraben, tropisch erwärmt auf englische Art, durch den Prozeß der Kompostierung von Pferdemist. Das hat naturgemäß auch den Thronfolger mächtig beeindruckt: »Da müßt ihr aber eine Menge Scheiße schaufeln«, meinte Prinz Charles angesichts dieser genialen Ananasheizung.

Aus dem Melonengarten in den Dschungel Neuseelands. Vorbei an blutroten, purpurnen Blütenwänden, Hookers Rhododendren, in die Schattenwelt der Farne, Flechten und Moose. Durch die Schlucht, die einmal ein Steingarten war. Felspfade, Waldwege. Es regnet, wie es nur in Cornwall regnet. Erst schien es nur ein Dunst, feucht, warm, ein Sprühen wie aus tausend Gewächshausdüsen. Aber irgendwie waren diese Düsen defekt, nicht abzustellen. Regenwaldgefühle. Möchte man so enden, als Wasserpflanze in Heligan?

»Sie haben einen guten Tag erwischt«, sagt Tim Smit. »Heligan ist am schönsten im Regen. Dieser Ort hat eine sanfte Melancholie, absolut magisch, besonders am Abend, wenn die Schatten kommen.« Manche Besucher indes, auch Mitarbeiter, fanden es nicht ganz geheuer in Heligan. Als die Berichte über seltsame, haarsträubende Erscheinungen sich häuften, ließ Tim Smit einen Priester kommen. »Wir mußten die Gärten einem richtigen Exorzismus unterziehen, mit Gebeten und reichlich Weihwasser.« Und, hat es geholfen? »Es gibt nur noch kleinere

Vorfälle. Im Pflanzenschuppen beobachtete ein Ehepaar neulich, wie sich die Deckel von vierzehn Blumentöpfen nacheinander in die Luft erhoben. Dann hörten sie ein Seufzen, Fußschritte zur Tür, die sich öffnete und wieder schloß. I like that«, sagt Tim Smit, als sei's der gute Geist des Marketing, der da in Heligan umgeht.

Kein Garten der Britischen Inseln hat mehr Besucher als dieser, rund 350 000 im Jahr. Eine Goldgrube, Jahresumsatz: rund 7,5 Millionen Mark. Doch hat Heligan auch hohe Lohnkosten. Mit 57 Angestellten und mehr als 40 Teilzeitkräften ist Tim Smit einer der größten Arbeitgeber in einer Region, deren Arbeitslosenquote bis zu 25 Prozent erreicht. Cornwall ist Englands ärmste Grafschaft. Um so mehr beglückt es ihn, den Zugereisten, zugleich mit den Gärten auch die verlorenen Lebensgrundlagen einer kleinen Gemeinde wiederhergestellt zu haben.

Keiner weiß freilich besser als Tim Smit, daß die Geschichte dieser Gartenrestaurierung am Ende ungewöhnlicher ist als der Garten selbst. Es gibt hier nicht eine einzige Pflanze, die man nicht auch in anderen Gärten fände. Was Heligan einzigartig macht, ist etwas anderes: die Verbindung von Blumen- und Nutzgärten, Park und subtropischem Dschungel, vor allem aber seine Atmosphäre. Diese romantische Aura zu erhalten, trotz wachsender Besucherströme, sieht Tim Smit als seine Hauptaufgabe. Und pflanzen möchte er, Bäume, Sträucher, als sei ihm Heligan inzwischen schon wieder zu aufgeräumt: »Let it grow over again and become a bit more lost!«

Jenseits von Heligan liegt Eden. Längst plant Tim Smit den Garten der Zukunft: ein gigantisches Gewächshaus mit einer Serie von Kuppeln, verankert in den Felswänden einer verlassenen Kaolingrube in Cornwall. Nicholas Grimshaw, Architekt des Londoner Eurostar-Bahnhofs, hat dieses größte Gewächshaus der Welt entworfen, mit verschiedenen Klimazonen, für mehr als 10000 Pflanzenarten. Es ist ein Kapitel aus dem verlorenen Paradies, das Tim Smit dort inszenieren will: die Symbiose von Pflanze und Mensch, eine Überlebensgeschichte für das 21. Jahrhundert.

Eden ist eines der spektakulärsten Projekte der Millennium Commission. Rund 240 Millionen Mark soll dieser botanische Erlebnispark kosten. Eröffnung: Frühjahr 2001. »Wir erwarten etwa 750000 Besucher«, sagt Tim Smit, und er verspricht uns »a bloody good day out«. Tim, wir kommen!

Spielwiesen der Gelehrtenrepublik

Collegegärten in Oxford

Die schönsten Dinge in Oxford liegen im Verborgenen, versteckt hinter hohen Mauern. Es sind nicht die alten Bibliotheken und Museen mit ihren Schätzen, nicht das Ashmolean, die Bodleian Library, die Chapels und Halls, all die dämmrigen, holzgetäfelten Collegeräume, in denen es nach Bohnerwachs riecht und nach dem Schweiß der Nationen, nein, es ist etwas, das man in dieser Welt aus Stein und Gelehrsamkeit wohl am wenigsten erwartet: Gärten.

An keinem Ort Englands gibt es mehr Gärten und Gärtner als in Oxford. Die Universität hat 39 Colleges, und jedes College hat einen Garten und meist nicht nur einen. Im Master's Garden sonnt sich, *strictly private*, der Rektor; seine Dons haben ihren eigenen Senior Common Room im Freien, den Fellows' Garden; und dann gibt es oft noch einen dritten, großen Garten für alle. Für alle? Nicht unbedingt auch für uns, die rund fünf Millionen Besucher, die alljährlich nach Oxford strömen, als läge es dort auf der Straße, das Fallobst vom Baum der Erkenntnis.

CLOSED. Kein Schild habe ich in Oxford öfter gelesen und mehr verflucht als dieses. Können wir uns nicht schon glücklich schätzen, von einem Torbogen aus den Rasen zu betrachten, den oft nicht einmal die Studenten betreten dürfen? Doch sind die Collegegärten in der Regel nicht so unerreichbar wie andere Räume dieser Eliteklubs. Ihre Öffnungszeiten freilich sind unberechenbarer als ein Quantensprung, irrational wie so vieles in dieser Gelehrtenrepublik. Aber selbst die exklusivsten, die Master's oder Fellows' Gardens, sind wenigstens an einem Tag des Jahres geöffnet, versichern uns die Pförtner, *for charity*.

Für alles gibt es in Oxford Statuten, Traditionen, Regeln und Ausnahmen. So wacht über die Collegegärten nicht nur ein Gärtner, sondern eine ganze Gartenhierarchie. Der Rektor ernennt aus den Reihen der Fellows ein *Garden Committee*; dieses Komitee wählt einen der Ihren zum *Garden Master*; der wiederum beaufsichtigt den *Head Gardener*, der mit seinen Gärtnern die eigentliche Arbeit macht. Der Garden Master von St. John's führt den Titel *Keeper of the Groves*, Hüter des Hains; der von New College ist ein Gelehrter, der sich auch als Gartenautor einen Namen gemacht hat, Robin Lane Fox; und in Christ Church hat das akademische Gartenkomitee einmal alle gelben Blumen vom Collegegelände verbannt.

Jeder dieser Gärten hat einen eigenen Stil, seinen unverwechselbaren Charakter wie die Colleges selbst, in Jahrhunderten gewachsen, in steter Konkurrenz zwischen den professoralen Gartentheoretikern und den gärtnernden Praktikern. Nicht nur die Geschichte der englischen Architektur ist in Oxford abzulesen, auch Gartengeschichte vom Mittelalter bis heute. Die Colleges sind eine Mischung aus Kloster und Herrenhaus, und wie diese hatten sie einmal ausgedehnte Gärten zur Versorgung mit frischem Obst und Gemüse. Später wurden die Küchengärten zu *pleasure gardens*, blühende Spielwiesen der Gelehrtenrepublik, wo sich botanische Raffinesse und akademische Muße wunderbar kreuzten.

An die klösterlichen Ursprünge der Colleges und ihrer Gärten erinnert ein Straßenname am Burgberg: Paradise Street, benannt nach dem *paradisus*, dem Garten der dort einst ansässigen Franziskaner. Am schönsten bewahren die *cloisters*, die grünen Innenhöfe von Magdalen und New College die kontemplative Ruhe eines mittelalterlichen Klosters. Eine mächtige Steineiche mit blauschwarzem Laub wölbt sich über dem Rasen des Kreuzgangs von New College, am Maßwerk ranken Geißblatt und Rosen.

Wie findig Oxfords Collegegärtner den großen Komposthaufen ihrer Geschichte nutzen, zeigt der einstige Klosterhof neben der Kathedrale von Christ Church. Eine Gartenminiatur von 1985, die in einer Buchmalerei des Mittelalters wurzelt. Die Blumen und Kräuter, als Randornamente für ein Lektionar gemalt, das Kardinal Wolsey 1528 seinem College schenkte, hier wachsen sie in natura, bilderbuchschön: Myrrhenkerbel, Tudorrosen und Madonnenlilien, Walderdbeeren, Nelken, Akelei, Flachs und Veilchen, Borretsch und Viola tricolor, jene Stiefmütterchen, die bei uns auch Dreifaltigkeitsblümlein und im Englischen *heartsease* heißen, Seelenruhe.

Christ Church: Blumen im Wunderland

Wer glaubt, die schönsten Gärten seien literarischer Natur, ist in Oxford am richtigen Ort. Das Wunderland ist ein Garten, wie wir wissen, ein ziemlich verrückter Garten, wo die Tiere wie Dons dozieren und Krocket mit Flamingoschlägern spielen. Natürlich war es ein Collegegarten, in dem der junge Mathematikdozent, der sich Lewis Carroll nannte, dem Urbild seiner Alice zum ersten Mal begegnete. Alice Liddell hieß sie, die damals knapp vierjährige Tochter des Dekans von Christ Church. Lewis Carroll traf sie erstmals am 25. April 1856 im Deanery Garden, wo er eigentlich die Kathedrale fotografieren wollte.

Dürfen wir den Garten mal sehen? »Oh, no!«, sagt Mr. Percival, der Aufseher. »The Dean is Royalty!« Immer noch wird der Rektor von Christ Church direkt von der Krone ernannt, denn seit den Tagen Heinrichs VIII. ist er zugleich Dekan der Kathedrale von Oxford, ein kleiner Collegekönig, dessen Rasen noch heiliger ist als andere. So stehen wir wie Alice vor einem verschlossenen Garten. Wahrscheinlich sind die Gärtner gerade wieder dabei, die weißen Rosen rot anzumalen, weil sie die falschen gepflanzt haben, und wenn's die Herzkönigin merkt, heißt es gleich »heads off, you know«.

Immerhin zeigt man den Besuchern im Wunderland eine grüne Holzpforte in der hohen Gartenmauer des Dekanats, *Alice's Gate.* Durch diese Tür, wird uns erzählt, sei ihr Vater immer in einem geheimnisvollen Garten verschwunden, wenn er hinüber in die Kathedrale ging, die Abkürzung durch den Canons' Garden, den die Kinder des Dekans nicht betreten durften. Und hinter der Mauer, versichert Mr. Percival, sei auch der Baum, auf dem die Cheshire-Katze saß. Ist es dort die Platane? »Nein, die Buche. Oder war es eine Kastanie?« So löst sich auch diese Frage auf wie die Cheshire-Katze, von der bekanntlich nur ein großes Grinsen übrigblieb.

Zweimal ist mir wenigstens noch ein Blick in den Deanery Garden gelungen: aus demselben Fenster im zweiten Stock von Christ Church Library, aus dem Lewis Carroll als Bibliothekar hinuntersah in den Garten, wo Alice und ihre Schwestern spielten; und von der Terrasse des benachbarten Colleges Corpus Christi. »Drüben die Platane«, erklärt mir der Gärtner David Leake, »ist eine *Platanus orientalis,* gepflanzt vor mehr als 350 Jahren.« Tief beugt sich die breite Krone nun über den Rasen, wo ihre schweren Äste sich aufstützen wie Ellenbogen.

Dann bin ich einfach durch den Spiegel in den Garten der sprechenden Blumen gegangen, als Alice gerade zu der Feuerlilie sagte: »Wenn du doch nur reden könntest!« – »Wir *können* schon«, sagte die Feuerlilie, »solange jemand da ist, mit dem es sich lohnt.«

Corpus Christi: Grüne Anarchie

Ein Gespräch mit David Leake lohnt sich immer. Wäre er mir nicht aus seinem winzigen Gewächshaus entgegengekommen, olivgrüne Cordhose, zerrupfter Pullover, ein hagerer, hochgewachsener Mann mit graumelierter Gelehrtenmähne, ich hätte ihn wohl eher für einen Sinologen oder Keilschriftexperten gehalten als für den Gärtner von Corpus Christi. Ein Lächeln, fein wie Seidelbast. Sein Garten ist klein, die meisten übersehen ihn, keine Oxforder Raritätenschau. Glockenblumen, Primeln, Sommerflieder und Vergißmeinnicht, Kornblumen und Mohn, Pfefferminz, Salbei, das wuchert und wächst über Beetbegrenzungen und Wegränder hinaus, zwanglos, informell. »Preußische Ordnung«, reglementierte Rabatten überläßt David Leake gerne den anderen. Mehr als den ornamentalen Stil schätzt er die chaotische Fülle der Natur. Unkraut? Wie schön hier, an der richtigen Stelle, die Brennesseln blühen oder der Giersch. Und warum nicht, zwischen den Blumen, auch Gemüse wie Brokkoli, der blaugrünen Blätter wegen? Originell sind viele Gärtner in Oxford, aber keiner ist so unorthodox wie David Leake.

Eine Mischung aus Cottage Garden und sanfter Anarchie gibt dem Garten von Corpus Christi seine unvergleichliche Atmosphäre. Man spürt es schon im Eingangshof, sofern man nicht nur Augen hat für das Prunkstück des Colleges, die Pelikan-Säule mit ihren 27 verschiedenen Sonnenuhren. Der Hof ist gänzlich mit Steinplatten gedeckt, aber aus den Fugen am Rand der Mauern wachsen Malven, Goldlack und Akelei, in den Rabatten Stockrosen und Himalaja-Balsam, Euphorbien, Bambus, Akanthus, und über dem Torbogen entfaltet eine Kletterrose, die *Rosa banksiae* ›Lutea‹, ihr Feuerwerk aus tausend kleinen, gelben Blüten.

»Viele Studenten beachten die Blumen kaum, aber ihre Düfte nehmen sie wahr«, sagt David Leake. »Und wenn sie mit ihrer Freundin in den Garten kommen und sagen: *I love you*, and it smells lovely«, dann ist auch der Gärtner von Corpus Christi glücklich. Für wen macht er denn die Arbeit? Doch nicht für die Dons. »I do the garden for the students, it's their garden.« Auch das unterscheidet David Leake von anderen Collegegärtnern, die das Treiben der Studenten in ihrer grünen Enklave fast so fürchten wie die Schneckenplage.

Als Richard Fox, Bischof von Winchester, 1517 Corpus Christi gründete, da verglich er sein College mit einem

Immengarten, in dem die Scholaren emsig wie Bienen tätig wären, zur Ehre Gottes und zu ihrem eigenen Nutzen. Damit dort »die erlesensten Kräuter und Blumen« wüchsen, bestellte der fromme Humanist »three right skilful herbalists«: einen Experten, der das Lateinische erblühen ließe, einen zweiten fürs Griechische, der dritte aber, der akademische Obergärtner, sollte die edelste und schwierigste Pflanze kultivieren, die Theologie. Noch fünf Jahrhunderte später trägt der Collegegarten des Bischofs nicht nur metaphorisch die schönsten Früchte. »Daraus machen wir Quittengelee«, sagt David Leake und zeigt auf einen rosa blühenden Strauch *Cydonia oblanga.*

Im Fellows' Garden summen die Bienen. Zwei Studenten sitzen mit ihrem Tutor an einem Tisch und diskutieren. Wer das für idyllisch hält, unterschätzt auch diese Form der Gartenarbeit. Im Fellows' Garden wird gelernt und gefeiert, und drüben unter den Büschen liegt die Asche von Mrs. Elizabeth Rawson, Altphilologin, *Garden Mistress*, gestorben in China. Woran sie starb, verrät uns ihr lateinisches Epitaph natürlich nicht. »Herzschlag«, sagt David Leake, »vermutlich hat sie zuviel gegessen.« Seit 1979 arbeitet er nun hier, der Gärtner von Corpus Christi. Ob es morgen Regen gibt, weiß David Leake nicht. Aber soviel steht fest: »I shall be here, until they find a place for me in the garden.« Und dann wird er vielleicht auch eine Erinnerungsplakette mit einer Blumengirlande aus Stein bekommen wie sein Kollege William George Ward, der 62 Jahre lang den Garten von Worcester College bestellte.

Schildkrötenrennen in Balliol

Im Trinity Term, hatte David Leake mir noch gesagt, am Ende des Sommertrimesters finde in einem der Collegegärten wieder das *Tortoise Race* statt, das alljährliche Schildkrötenrennen zwischen Corpus Christi und Balliol College. Es ist die Apotheose der Langsamkeit, ein absurdes Wettrennen aus dem Geist Lewis Carrolls.

Unter einer Rotbuche im Main Quad fand ich Rosa Luxemburg, die Balliol-Schildkröte. Ich erkannte sie sofort, weil der Pförtner mir ihr Foto gezeigt hatte: »Portrait of a contented Rosa, having trained the drama students to hand-feed her«, stand auf der Rückseite. »Rosie ist jetzt 37 Jahre alt«, sagt Balliols Obergärtner George Long. Sein Champion hat schon in manchem Rennen bewiesen, daß man im Höchsttempo laufen muß, um am selben Platz zu bleiben, wie die Red Queen einmal zu Alice sagte.

Seit 1975 kümmert George Long sich um die Gärten von Balliol, und dazu gehört auch die College-Schildkröte. Vor ihrem Appetit indes muß er seine Tulpen, Lobelien und Schlüsselblumen mit kleinen Zäunen schützen, denn Rosa Luxemburg ist »unersättlich, aber durchaus wählerisch«. Am liebsten frißt sie Maulbeerfrüchte. Rosie überwintert im Geräteschuppen des Gärtners, schläft monatelang, um dann topfit zu sein für das Große Gartenrennen. Wie sie jetzt so gelassen dasitzt, im Schatten der Rotbuche, verkörpert Rosa Luxemburg geradezu jene legendäre »effortless superiority«, die mühelose Überlegenheit, die Premierminister Asquith, Absolvent dieses Colleges, einst als Inbegriff der Balliol-Tugend rühmte. Leider, sagt George Long, kam Rosie im vergangenen Jahr nur auf den dritten, den letzten Platz, hinter Thomasina von Corpus Christi und der Schildkröte von Keble College.

Bevor ich seinen Garten verlasse, macht George Long mich noch auf eine Rarität aufmerksam: *Catalpa bignonioides Aurea*, eine Spielart des Trompetenbaums, mit goldgelben Blättern und pinkfarbenen Blüten. Auch drei Maulbeerbäume stehen da, der älteste verkrüppelt und gestützt wie ein hochverdienter Chelsea-Veteran: Das, sagt Mr. Long, sei wahrscheinlich noch einer der »James I. mulberries«, die um 1608 auf Geheiß des Monarchen überall im Land gepflanzt wurden, besonders eifrig in Oxfords royalistischen Collegegärten. Zwar wurde nichts aus der königlichen Hoffnung, mit einer Seidenraupenzucht eine neue Industrie zu gründen, doch wird aus den Früchten, zumindest in New College, gelegentlich noch Maulbeereis gemacht.

Liebesnester in St. John's

Es ist der Garten von St. John's, in dem Henry James in einer seiner ersten Kurzgeschichten, »A Passionate Pilgrim«, den amerikanischen Reisegefährten des Erzählers Abschied nehmen läßt von seinem Freund. Die Collegegärten schienen ihnen »die schönsten Dinge in England, die reifsten und süßesten Früchte des englischen Systems (...) Orte, um sich für immer ins Gras zu legen, im glücklichen Glauben, das ganze Leben sei ein großer alter englischer Garten und die Zeit ein endloser englischer Nachmittag«.

An einem dieser Nachmittage besuchte ich St. John's. Ich ging aus dem Eingangshof in einen zweiten, intimeren Innenhof, den Canterbury Quad. Ein Rasengeviert, Renaissance-Arkaden, zwischen den toskanischen Säulen ein kleines Portal. Was konnte jetzt noch kommen, nach diesem architektonischen Höhepunkt? Wie so oft in Oxford führen die kleinsten Eingänge zu den größten Wundern. Eine weite Rasenfläche breitet sich vor uns aus, ein langes grünes Ausatmen und Luftholen nach der Konzentration der Steine und Höfe.

»This is a collector's garden«, sagt Barry Bowerman, ein Garten, in dem seit dem 18. Jahrhundert der *Keeper of the Groves,* Generationen von Amateur-Botanikern und Gärtner wie Barry gesammelt haben, was ihnen schön und ungewöhnlich erschien, einheimische und exotische Pflanzen, vor allem Bäume: Davidia, Judasbaum und *Tree of Heaven,* den wir Götterbaum nennen, Ginkgo, Eukalyptus, Himalaja-Zeder und Tulpenbaum, für Dendrophile der König der Laubbäume, die seltene Trauer-Eiche, die immergrüne Stein-Eiche und die Zerr-Eiche, deren Blätter sich im Herbst schokoladenbraun färben.

Allein 250 Ilex-Arten wachsen im Garten von St. John's, insgesamt etwa 2500 verschiedene Bäume und Sträucher. Jeder von ihnen hat im Umkreis seiner Wurzeln ein Pflanzbett mit seiner eigenen, ihm gemäßen Erde, weil Oxfords Böden zu kalkhaltig sind. »Wir beschneiden dreimal im Jahr, so groß ist hier die Vielfalt«, sagt Barry. Er kennt sie alle lateinisch beim Namen, denn er ist in eine harte Baumschule gegangen, als er 1964, mit zwanzig Jahren, in St. John's anfing. »Alan, der damalige Obergärtner, legte Wert darauf, daß ich nie die Hände in der Hosentasche hatte, damit er sie mit seinem Stöckchen treffen konnte, wenn ich einen Namen nicht wußte – he put it in with a stick, my knowledge.« Barry lacht. Zärtlich streicht seine Hand über den Stamm einer *Cedrus deodora.* »Wonderful things! Sehen Sie nur, welche Unterschiede«: *Acer pensylvanicum,* Bergahorn, mit einem Stamm wie grün gestreifte Schlangenhaut, und *Acer griseum,* dessen rotbraune Rinde sich in Locken ringelt und abschält.

St. John's ist Oxfords reichstes College. Fünf Gärtner leistet man sich für diesen Garten, den George III. zu den schönsten seines Königreichs zählte. Im März bedeckt ein dichter Krokus-Teppich den Rasen, mehr als 100000 gelbe, blaue, weiße, mauvefarbene Krokusse. Später kommen Narzissen hinzu, Schlüsselblumen, Hyazinthen und Tulpen, im Sommer Päonien, Calendula, Mohnblumen, *Fritillaria imperialis,* Kaiserkronen in Gelb und Rot. Ein Farbenrausch auf grünem Grund, was für eine Kulisse für Gartenfeste! Ja, nickt Barry bekümmert, einmal im Jahr feiert die St. John's Society hier im Garten, etwa alle drei Jahre gibt's den großen College-Ball, und alle acht Jahre den Encaenia-Empfang mit mehr als 2000 Gästen – »an awful lot on the lawn«, was für eine Strapaze für den Garten! Im übrigen aber gilt Barrys Regel: »No drinking in the garden, no glass, no nothing!« Doch darf man sich hier, als Fellow und ohne Grabstein, zur letzten Ruhe legen. Und was ist mit der Liebe?

Zwei große alte Trauerbuchen stehen im hinteren Teil des Gartens, *weeping beeches* mit weit ausladenden, tief herunterhängenden Ästen und Zweigen. Wunderbar kühl ist es in diesen Baumhäusern im Sommer. Ein *love seat* lief rund um einen der Buchenstämme, doch hat Barry die verführerische Bank leider abgebaut, weil die Studenten immer ihre Initialen in die Rinde ritzten. Collegegärten waren schon früh auch für Dons bevorzugte Liebesnester, zumal in den zölibatären Zeiten, als Fellows noch nicht heiraten durften. So berichtet ein gewisser Frederic Madden 1825 in seinem Tagebuch, wie ein Kollege ihm erzählte, daß er einen »sehr ehrenwerten Fellow« im Garten von St. John's mittags um eins *»in flagrante delicto«* mit Miss Brown, der Tochter des Proktors, überrascht habe: »Oh shame! The old fellow buttoned up his inexpressibles and set off with his *inamorata* to Trinity gardens, where he probably renewed his games.«

Eine hohe, mit Immergrün überwachsene Mauer trennt die Gärten der beiden Colleges. Wir gehen die schattige Nordseite entlang, »the haunted side«, die das Gespenst von St. John's bevorzugt, »our ghost«, ein Mann in Ritterrüstung. Auch die Friedhofseiben wachsen in diesem Teil des Gartens und eine *Witch Hazel*, ein bizarr gekrümmter Zaubernußbaum. Ein paar Grauhörnchen hüpfen über den Weg, »little monsters«, ruft Barry ihnen nach, »klaut mir nur nicht wieder die Krokusknollen!«

Ja, hier möchte man schon Student sein, wie einst Richard von Weizsäcker und Tony Blair, oder wenigstens Grauhörnchen. Einen Blick noch in den Rock Garden von St. John's, ein Garten im Garten, angelegt um 1910 von Henry Bidder mit Hilfe des Pflanzensammlers Reginald Farrer. Balliol-Absolvent, als Schriftsteller mäßig erfolgreich, fühlte Farrer sich zunehmend hingezogen zu Pflanzen, ein Einzelgänger, der ausgedehnte Reisen nach China und Tibet unternahm, bevor er, gerade vierzig, im Dschungel von Burma starb. Genau und poetisch beschrieb Farrer die Pflanzen, die er entdeckte, die *Buddleia alternifolia* mit ihren lila Blütenkaskaden oder das nach ihm benannte *Viburnum farreri.* Populärer als seine Romane waren Farrers Gartenbücher, vor allem sein »English Rock Garden«. Nach diesem Vorbild ist auch der Steingarten von St. John's angelegt, einer der ersten seiner Art, mit ursprünglich fast 700 meist alpinen Pflanzen. Seit einigen Jahren wird er in großem Stil rekonstruiert.

Die glücklichen Bäume von New College

»Manners Maketh Man.« Noch hier draußen, nach mehr als 600 Jahren leuchtet seine pädagogische Maxime, frisch gestrichen, auf dem prächtigen schmiedeeisernen Gartentor von New College, das William of Wykeham 1379 gründete. Er war Bischof von Winchester, Lordkanzler zweier Könige und ließ die Hälfte seines Collegegeländes für den Küchengarten übrig. Von den Restbeständen dieser Umsicht zehren seine Alumni noch heute. Da liegen sie lesend im Gras, »lounging bookishly on the turf«, wie Henry James so schön sagte, ab und zu steht einer auf, macht einen Handstand, schlägt ein Rad vor seiner Freundin, Pfauenspiele, Summertime. In den Rabatten kniet eine Gärtnerin vor dem silbergrünen Currykraut, dessen gelbe Blüten sie noch in der Knospe kappt, weil sie nicht zur Farbe der Rosen passen. *Manners Maketh Man.*

Zwei Dinge machen den Garten von New College ungewöhnlich, die Stadtmauer und der *Mound.* Was Oxfords Bürger im 13. Jahrhundert zum Schutz ihrer Stadt bauten, eine massive Mauer mit Bastionen und Zinnen, schützt nun aufs friedlichste die Collegeblumen. Entlang der pittoresken Mittelalterkulisse entfalten sich die längsten, breitesten, üppigsten Rabatten, die Oxford zu bieten hat. Da blühen Lupinen, Iris, Königskerzen und Rittersporn, Stockrosen, Bartnelken, Storchschnabel und Sonnenblumen, lila, rosa, weiße und gelbe Akelei – ganz altmodische, wunderbare Rabatten.

Aber was soll der seltsame Hügel mitten auf dem Rasen? Haben ihn die Dons errichtet, um ihren Horizont über die Stadtmauer hinaus zu erweitern? So sehr das dem exzentrischen Genius loci entspräche, ein Folly ist dieser Hügel nicht. Als man 1594 begann, mit 500 Wagenladungen Schutt die Basis für den *Mound* zu bilden, da lag auf der einen Seite ein Bowling Green, auf der anderen ein elisabethanisches Gartenparterre: vier geometrisch abgezirkelte Blumenbeete, ein Flechtgarten mit floraler Sonnenuhr, heraldischen Emblemen und Topiary-Hekken. Das wollte bewundert werden nach allen Regeln der Gartenkunst, am besten von oben, von einem Aussichtshügel, den die Gentlemen von New College *Parnassus* nannten. So wurde aus dem banalen Blick ins Grüne eine durchaus erhebende Vorstellung.

Der *Mound*, den wir heute sehen, inzwischen beträchtlich geschrumpft, dicht bewachsen mit Bäumen und Sträuchern, ist nur noch der Rest eines elaborierten Regelgartens aus dem frühen 17. Jahrhundert. Er wurde mitsamt seinen Alleen gestutzter Bäume zur Zeit der Französischen Revolution aufgelöst, als die Idee des romantischen Landschaftsgartens eine neue Natur-Mode prägte. Nur Lindenallee und Eibenreihen erinnern daran, daß auch die weite Rasenfläche von Trinity College, wo die

Studenten im Sommer liegen oder Krocket spielen, zuvor ein Regelgarten war, mit Heckenlabyrinth und Topiary-Figuren. Wer die verschwundenen Collegegärten von Oxford besichtigen will, dem empfehle ich die Kupferstiche von David Loggan oder William Williams »Oxonia Depicta« von 1733.

Drei Bäume stehen im Garten von New College, schöner und stattlicher als die andern, Solitäre, auf Abstand bedacht, gleichwohl zugänglich wie alte Freunde, Bäume von großer, gelassener Lebenskraft. Wie immer in Oxford sind wir nicht die ersten, die sie bemerken. Immer war schon ein Igel vor uns im Garten, in diesem Falle Nathaniel Hawthorne. Im Sommer 1856 stand der amerikanische Autor unter den Bäumen von New College: Sie hätten »hier seit Jahrhunderten ein ruhiges Leben geführt, mit solcher Sorgfalt aufgezogen und behandelt und so geschützt vor den rauhen Winden, daß sie gewiß die glücklichsten aller Bäume sein müssen«, schrieb er, als seien es Oxfords ewige Studenten. »Such a sweet, quiet, sacred, stately seclusion cannot exist anywhere else.« Nur noch, versteht sich, in Cambridge.

Worcester: Theater am See

Es gibt in Oxford genug Kaninchenlöcher, um ins Wunderland zu fallen, und noch mehr Theorien, um es zu lokalisieren. Was spricht eigentlich gegen Worcester College? Im Eingangshof, einem Rasenparterre, streben Carroll-Fans unverzüglich dem schmalen, spitzbogigen Tunnel in der südwestlichen Ecke zu, wo das Weiße Kaninchen schon wartet. Ihm brauchen wir nur durch die unterirdische Passage zu folgen, wie Alice, »into the loveliest garden you ever saw«.

Tatsächlich führt der kleine Tunnel in einen Landschaftsgarten, der einzige in Oxford – und der einzige Collegegarten mit einem See. Die ›echte‹ Alice Liddell kam oft mit Lewis Carroll hierher, zum Entenfüttern am Tränensee. Dieser Park am Oxford-Kanal, ein ehemaliges Sumpfgelände, wurde um 1817 angelegt, ganz im Stil Capability Browns, mit Rasenflächen und Baumgruppen, gewundenen Pfaden und serpentinenförmigem See. Es ist bis heute eine ideale Naturbühne für studentisches Sommertheater. Auch *Alice in Wonderland* wurde hier aufgeführt, in Anwesenheit von Lewis Carroll: eine Wohltätigkeitsveranstaltung, bei der das Publikum keinen Eintritt zu zahlen brauchte, aber nur gegen Geld wieder gehen durfte.

Solche Freilichtaufführungen sind manchmal die einzige Gelegenheit, selbst die verschlossensten Collegegärten kennenzulernen. Der Provost's Garden von Queen's zum Beispiel ist Besuchern nur zugänglich, wenn die Eglesfield Players dort auftreten, die Theatertruppe des Colleges, an dem auch ein deutscher Staatsminister für Kultur studierte, Michael Naumann.

Wadham: Mr. Bowras Gartenstuhl

Ein süßer, schwerer Duft weht über die Mauern von Wadham in die Parks Road, der Duft einer Silberlinde. Die Collegegärten von Wadham und Worcester sind vor allem

Baumgärten. Ihre alten Ginkgos, Platanen, Trompeten- und Götterbäume, Robinien, Roßkastanien, Sumpfzypressen und Libanon-Zedern, auch sie gehören zu den »glücklichsten aller Bäume«, zur grünen Elite von Oxford. Prächtig wie die Kuppel von Christopher Wrens Sheldonian Theatre wölbt sich die Krone der Blutbuche im Garten von Wadham, gepflanzt 1796. Napoleon zog damals gegen Italien zu Felde, und Katharina die Große starb.

Christ Church ist berühmt für seine Premierminister, Wadham für seine großen Bäume. Allein der Tulpenbaum: Elefanten-Klumpfuß und ein Stamm mit einem Umfang von mehr als vier Metern. Auch Baumraritäten aus Fernost sammelt man in Wadham, zum Beispiel die *Metasequoia glyptostroboides*, das erst 1941 entdeckte Chinesische Rotholz aus der Provinz Szechuan. Unter den Zweigen eines *Cercidiphyllum japonicum* steht denn auch Oxfords bizarrstes Denkmal für einen Don: ein leerer Bronzestuhl, aus dessen Rückenlehne der Kopf Sir Maurice Bowras wächst, hochgeschätzter Lehrer und Rektor von Wadham. Sein Motto war das der französischen Kavallerie: »L'audace, l'audace, toujours l'audace.«

In Wadham hatten sie schon immer Sinn für exzentrische Gartenmöblierung. Einer von Bowras Vorgängern, Cromwells Schwager John Wilkins, installierte im Warden's Garden eine »sprechende Statue«, deren Bauchredner abseits im Gebüsch am Ende einer langen, den staunenden Besuchern verborgenen Röhre saß. Barocker Unterhaltung, vor allem aber naturwissenschaftlicher Beobachtung dienten auch die berühmten gläsernen Bienenstöcke im Garten des Rektors. Dort trafen sich damals, Mitte des 17. Jahrhunderts, jene Gentlemen-Forscher, die den Anstoß gaben zur Gründung der Royal Society. Das ist nun lange her, die *talking statue* längst verschwunden, und auch Wadhams Schildkröte, auf deren Rücken die Telefonnummer des Colleges steht, habe ich nicht mehr im Garten angetroffen. Wer sie findet, bitte anrufen!

Die Fritillarienfans von Magdalen

Am Rand der Magdalen Meadow, unter den Zweigen einer wilden Kirsche, sitzen zwei Studenten und spielen Geige, irische Folksongs. »Wenn es nicht gerade regnet, üben wir immer hier draußen«, sagt das Mädchen. Der Junge piekst ihr den Geigenbogen in die Seite, schon fiedeln sie weiter, »Kelly, the boy from Killan«, auf ihrer Bank an den Water Walks.

An den Walks stand einmal, bis sie 1789 stürzte, eine Eiche aus dem 11. Jahrhundert. Ihre Größe war legendär: 3456 Menschen hätten unter ihr Platz gefunden, hat jemand ausgerechnet. Wahrscheinlicher ist die Annahme, daß Joseph Addison diese Eiche kannte. Addison, Essayist und Gartenenthusiast, hatte als Student in Magdalen einen Raum mit dem Blick über die Cherwell-Wiesen und ihre alten Bäume – ein Bild, das sich mit wenigen Kunstgriffen verwandeln ließ in den Inbegriff des englischen Landschaftsgartens. »We find the Works of Nature still more pleasing the more they resemble those of Art«, schrieb er später, in seinem berühmten Essay im *Spectator* vom 25. Juni 1712. So hatte der Blick aus dem Collegefenster gewisse Folgen, zumindest für die Entwicklung des Landschaftsparks. Es klingt wie ein Echo jener »pleasures of the imagination«, die Addison in Magdalen genoß, wenn Virginia Woolf in ihrem Roman *Die Jahre* den Studenten Edward beschreibt, an einem Regentag in seinem Oxford-College, abends: »Von allen Augenblicken des Tages war ihm dieser der liebste, wenn er so am Fenster stand und in den Garten hinaussah.«

So verlockend es wäre, dem literarischen Topos des Collegegartens zu folgen, bleiben wir noch ein wenig auf *Addison's Walk*. So heißen die Water Walks heute, ein Rundweg, der zwischen zwei Cherwell-Armen in einem weiten Bogen um die Auwiesen von Magdalen führt. Hunderte von Bäumen säumen den Weg, manchmal nur Buchen und Eichen im Wechsel, dann wieder Ebereschen, Roßkastanien, Weiden und Weißdorn, gemischt mit Eiben, Ilex, Lorbeer, auch Rhododendren. Und wie die Balsampappeln duften! Gibt es schönere Wege zur peripatetischen Entfaltung der Gedanken?

Das große Grün in der Mitte von Addison's Walk ist eine der heiligen Wiesen von Oxford. Nicht des Rotwilds wegen, das dort zur Freude der Touristen und der Collegeküche grast, sondern wegen einer einzigen Blumenart: *Fritillaria meleagris*. Ende April, wenn dieses eigenwillige Liliengewächs seine rosavioletten, porzellanzarten Blüten entfaltet, ist die gesamte nordöstliche Hälfte der Auwiesen wie von einem Purpurschleier überzogen. Dann ist Magdalen Meadow die Kaaba der Fritillarienpilger, um die sie staunend ihre Kreise ziehen. Jetzt, Mitte Mai, treten immer noch hin und wieder Besucher an den Zaun und richten ihr Fernglas auf die letzten, purpurblassen Spuren ihrer Diva.

Perlhuhntulpe, Kuckuckslilie, Kiebitzei und Schachbrettblume, die Schöne mit dem düsteren Würfelmuster hat viele Namen, auch in England. *Snake's head* heißt sie in Oxfordshire, *Shy widow* in Warwickshire, wo ihre Blütenbecher an Witwenhauben erinnerten, *Leper's lily* in Somerset, wo man an die Glöckchen der Aussätzigen dachte. Auch *Dead man's bell* nannte man sie oder *Sulky lady*, Mürrisches Mädchen. So regional verschieden ihre Namen, so weitverbreitet waren sie einmal in ganz England. Seit es immer weniger Auwiesen gibt, wurde auch die Fritillaria relativ selten. Ihr vielleicht größter, sicher berühmtester Bestand ist der von Magdalen Meadow.

Oxford, Addison's Walk, hat mich zum Fritillarienfan gemacht. Statt in den Fellows' Garden von Magdalen zu gehen, ein weiteres Arboretum, bin ich nach Ducklington gefahren. Ducklington ist ein Dorf im Windrush-Tal (schon der Namen wegen sollte man solche Orte besuchen), wenige Meilen westlich von Oxford. Auch wenn die Fritillarienblüte längst vorüber ist, dort gibt es das ganze Jahr hindurch Schachbrettblumen: als Glasmalerei, auf Kniekissen gestickt, als botanisches Emblem sogar auf dem Altartuch der Dorfkirche von Ducklington. Seit 1985 feiert die Gemeinde Ende April den *Fritillary Sunday*. Nach dem Gottesdienst ziehen sie hinaus in die Flußauen, zur gemeinsamen Bewunderung ihrer Fritillarienwiese. Sie ist nicht so groß wie die von Magdalen und auch nicht so berühmt. Aber es ist die letzte in dieser Gegend. Ein Einheimischer hat sie gekauft, um sie im Naturzustand zu erhalten, die purpurzarten Mürrischen Mädchen von Ducklington.

Exeter: Ein Logenplatz

Eine hohe Steinmauer zieht sich rußgeschwärzt und streng entlang der Brasenose Lane. Hinter der Mauer ragt ein Kastanienbaum empor, dessen Äste weit über die Gasse reichen. Das ist *Bishop Heber's Chestnut,* gepflanzt Ende des 18. Jahrhunderts im Fellows' Garden von Exeter College. Wenn seine Blätter die Mauern von Brasenose berühren, das gegenüberliegende College, dann werden Exeters Ruderer im *Bumping Race* das Boot von Brasenose berühren und siegen. So versprach es ein alter Aberglaube unter Studenten.

Wie klein dieser Collegegarten ist, versteckt, eingezwängt zwischen lauter Mauern, die ihn vorzüglich schützen vor allzuviel Wind und Neugier. An dem warmen, gelblichen Sandstein der Bibliothek wachsen Rosen und Glyzinen, am Haus der Fellows vier alte Feigenbäume. Einer ist sogar promoviert: *Dr. Kennicott's Fig,* benannt nach einem Hebräisch-Gelehrten von Exeter, der Feigen liebte. Auch eine Weißbirke wächst hier, ein Ginkgo, eine Buddleia, Christrosen, Heckenrosen, silbergraues Heiligenkraut. Da sind wir auch schon am Ende des Gartens, und hier ist die eigentliche Überraschung: eine erhöhte, L-förmige Terrasse, von der wir hinunterblicken auf den Radcliffe Square, vor uns die mächtige Kuppel der Radcliffe Camera, die Zwillingstürme von All Souls, der gotische Helm von St. Mary, die Zinnen von Brasenose – großes Oxforder Stadttheater ist das, und wir mittendrin, in der Gartenloge von Exeter College.

Ein Panorama des anderen, ländlichen Oxford bietet der Fellows' Garden von Merton, dessen Rasenhang zur

Stadtmauer-Terrasse hinaufführt, zu einem gloriosen Blick über Christ Church Meadow. Wahrscheinlich war dies noch die ungetrübteste Aussicht, die Teddie Wiesengrund-Adorno, wie er sich damals nannte, in diesem College genoß, wo er Mitte der dreißiger Jahre, auf der Flucht vor den Nazis, heroisch versuchte, unter den »tough guys« von Merton »das Nichtdenken zu denken«.

Ich habe Merton Gardens an einem späten Samstagnachmittag besucht, als die acht Glocken im Magdalen Tower ihr Wechselläuten begannen. Wie von einem Springbrunnen stiegen und fielen die hellen Klänge über Dächer und Bäume auf den Rasen von Merton. Weiß und blau blühte der Hibiskus an den Collegemauern, in den breiten Rabatten drängten sich Goldlack, Phlox und Frauenmantel, weiße Tradeskantien, rote Fackellilien, und da stand auch noch der Bergahorn von 1705, der Lieblingsbaum von J. R. R. Tolkien, der hier Fellow war.

Alles in Oxford hat immer noch eine andere Bedeutung. Du willst dich einfach nur setzen und ausruhen, zum Beispiel im University Park, schon landest du bei den Hobbits. »In memory of Tolkien«, steht auf der Parkbank, mit einem Hinweis auf zwei benachbarte Bäume, »representing Telperion and Laurelin«. Ein paar hundert Meter weiter erinnert uns eine Silberweide, gepflanzt 1967, an das säkulare Sportereignis jenes Jahres. Vergessen? »The record score of 192«, Oxfords Kricket-Triumph über Westindien. Vollends kryptisch wird es für unsereins im Collegegarten von St. Edmund Hall. Zwischen den Eiben und Grabsteinen des einstigen Friedhofs steht eine Bank mit der Inschrift: »AM. e^2/hc DG« – ein Deo Gratias für eine Entdeckung im Bereich der Quantenmechanik.

Inschriften, Memorials, Oxfords Collegegärten sind voll davon. In Lady Margaret Hall, wo Benazir Bhutto lernte, wie man Premierministerin wird, haben sie Geißblatt gepflanzt zur Erinnerung an Peg, eine ermordete Collegedienerin. Im übrigen verzeichnet das Garteninventar, abgesehen von Bäumen und Blumen, rund 250 verschiedene Wildpflanzen, 69 Vogelarten, 20 Schmetterlingsarten und 183 verschiedene Nachtfalter. Gesegnete Gärten. Dabei hatten die ursprünglich reinen Frauencolleges, anders als die reichen Oxforder Platzhirsche, für ihren Lehrbetrieb so wenig Mittel wie für Pflanzen. Die findige Anne Rogers machte diesen Mangel wett, indem sie die Gärten der Männercolleges gezielt plünderte. Wenn Miss Rogers, Fellow und *Custos Hortulorum* von St. Hugh's, im Rock Garden von St. John's auftauchte, hatten die Pförtner strikte Weisung, sie nicht aus den Augen zu lassen; vor allem, wenn sie mit ihrem Regenschirm kam. Darin ließ sie alle Ableger verschwinden, im Kampf für die Frauenrechte und für den Garten von St. Hugh's, den sie eigenhändig anlegte. Dort steht nun eine Sonnenuhr zu ihren Ehren: »Floribus Anna tuis faveat sol / Luce perenni« (»Möge die Sonne deinen Blumen günstig sein, Anna, mit immerwährendem Licht«).

Es gibt in Europa keine schönere, vielfältigere Konzentration von Gärten auf engstem Raum als die Collegegärten von Oxford. Viele sind Jahrhunderte alt; der jüngste, der von St. Catherine's, wurde 1960 angelegt. Vor dem Eingang sitzt die Collegekatze Plops, mit Arthritis und strenger Miene. Nein, wir wollen keine Ableger, Plops, nur einen kurzen Blick.

Arne Jacobsen, der dänische Architekt, hat St. Catherine's entworfen, bis hin zu den Tischen, Stühlen und Bestecken des Speisesaals. Zu diesem Gesamtentwurf gehört auch der Garten: Pflanzen und Bäume als Ausgleich zur rechtwinkligen Funktionalität der Klinker- und Glasarchitektur. Ein burggrabenähnlicher Kanal mit Lilien und Seerosen, ein langer Rasen, parallel zum langgestreckten Eingangsgebäude. Ziegelmauern und Eibenhecken im Wechsel, dazwischen quadratische »Gartenzimmer«. Am Südende ein kleines Amphitheater, dahinter Zedern, Zypressen, ein Judasbaum. Und das weite Grün der Sportfelder am River Cherwell.

Gartenbilder, Blumenstücke

Rot leuchtet im Herbst der Wilde Wein im Eingangshof von Exeter College. Im Frühjahr blüht die *Magnolia grandiflora* neben der Chapel. Hier in der Collegekapelle könnten wir eine zweite Geschichte beginnen: Oxforder Gartenbilder. In den monumentalen Wandteppich »The Star of Bethlehem« haben die Weber der Firma Morris Lilien und Rosen gewoben, Gänseblümchen, Tulpen, Iris, Narzissen – ein Paradiesgarten für den Auftritt der Drei Könige aus dem Morgenland, ein Blumenteppich von präraffaelitischer Pracht, entworfen 1887 von Edward Burne-Jones für die Kapelle des Colleges, wo er und William Morris sich als Theologiestudenten kennenlernten.

Wer einmal den Duft der Blumen von Oxford in der Nase hat, steht früher oder später auch im Präraffaelitensaal des Ashmolean Museums, vor der Gartenallegorie von Charles Allston Collins, einem Bruder des Romanciers

Wilkie Collins. Als er mit seinem Freund Millais 1850 Oxford besuchte, malte er die Blumen im Garten ihres Mäzens Thomas Combe in Walton Street: Madonnenlilien, Feuerlilien und Seerosen, Rittersporn, Vergißmeinnicht, rote Rosen und azurblaues Allium. Leider hat Collins später in seinem Londoner Atelier noch eine Nonne hinzugefügt, die nicht ganz so verführerisch ist wie Shirley MacLaine in Don Siegels Western *Two Mules for Sister Sara.* In der einen Hand hält sie eine Passionsblume, Symbol der Kreuzigung, in der anderen eine illuminierte Handschrift mit einer Passionsszene: »Convent Thoughts« in einem Klostergarten, der seine malerische Unschuld verloren hat.

Als blühten nicht genug Blumen im Wunderland, haben sie noch Dutzende von Blumenstilleben aus Holland importiert, drei Räume voll im Ashmolean, botanische Kabinettstücke des 17. Jahrhunderts. Aus derselben Zeit stammen auch die holzgeschnitzten Rosen, Tulpen, Pflaumen und Akanthusblätter auf dem Portal von Hertford: ein Collegegarten en miniature, den die Gärtner der Herzkönigin in jedem Jahr frisch anmalen.

Einer sprang über den Gartenzaun

William Kent in Rousham

Das Schild an der Straße klingt nicht eben einladend: »This is a private garden. No children under 15. No dogs. No pushchairs.« Und von Europa will man hier erst recht nichts wissen: »Say No to Maastricht«, fordert ein Aufkleber an der Haustür. So schroff präsentiert sich dem Besucher William Kents vollkommenstes Werk, Rousham, als einziger seiner Landschaftsgärten unverändert erhalten bis heute.

Kurz vor dem Bürgerkrieg, um 1635, ließ sich Sir Robert Dormer ein Haus im Cherwell-Tal bauen, auf halbem Weg zwischen Oxford und Banbury. Fünf Generationen lang waren die Dormers Zeremonienmeister bei Hofe, bis einer von ihnen die Lust verlor und den König George III. »a silly old fool« nannte. Ihre Porträts bestellten sie bei Joshua Reynolds, Benjamin West und William Dobson, einem Freund der Familie. Wie fast überall in solchen Häusern sind vom einstigen Status nur Bilder geblieben und von der vielköpfigen Dienerschaft nur die prächtigen Livreen.

Rund hundert Jahre nach der Gründung von Rousham fand General James Dormer, der sich in Marlboroughs Kampagnen ausgezeichnet hatte, es sei nun an der Zeit, den Familiensitz zu modernisieren. Neue Räume, neue Möbel, ein Landschaftsgarten: dafür kam eigentlich nur einer in Frage, William Kent. »Sein Orakel«, rühmte Horace Walpole, »stand bei allen, die den Geschmack prägten, so hoch im Kurs, daß nichts für vollständig galt ohne seine Mitwirkung.«

William Kent, gelernter Kutschen- und Schildermaler aus Yorkshire, lebte fast zehn Jahre in Rom, wo er für junge Aristokraten auf Bildungsreise klassische Gemälde kopierte und sie bei ihren Kunstkäufen beriet. So lernte Kent seine späteren Mäzene und Auftraggeber kennen, allen voran den 3. Earl of Burlington, den »Apoll der Künste« (Walpole), der ihn 1719 zur Rückkehr nach England bewegte. Für Lord Burlingtons palladianische Villa vor den Toren von London, Chiswick House, entwarf Kent seinen ersten Landschaftsgarten. Zum Kreis der kultivierten *Dilettanti* um Burlington gehörten auch Literaten wie Alexander Pope und Jonathan Swift, Freunde von James Dormer in Rousham. So lag es nahe, daß der General 1738 William Kent engagierte.

Kent baute niedrige Seitenflügel an, gab dem Haus eine Zinnen-Balustrade und den jakobeanischen Räumen ein neugotisches Gepräge. Anders als zuvor in Houghton Hall, wo er für Premierminister Robert Walpole wahre Prunksäle kreierte, mußte Kent sich in Rousham an ungleich bescheidenere Proportionen halten. Doch wie er die ehemalige Küche in einen Salon verwandelt, den kleinen Raum in großem Stil dekoriert, gerade das zeigt seine Meisterschaft. Für diesen sogenannten *Painted Parlour* entwarf Kent auch die Möbel, die geschnitzten Wandkonsolen für General Dormers Sammlung italienischer Bronzen und ein Deckengemälde: Venus, Ceres und Bacchus, umgeben von Arabesken und romantischen Landschaften.

Nichts hat mich in Rousham indes mehr überrascht als zwei unscheinbare Zeichnungen, Kents Originalentwürfe für den Park. Ein Blick aus dem Fenster, und da liegt er in natura vor uns. Wie durch einen Spiegel gehen wir in Rousham durch ein Landschaftsgemälde des 18. Jahrhunderts.

Nun hatte bereits Charles Bridgeman, der letzte der großen englischen Gärtner, der in der französischen Tradition arbeitete, um 1720 einen Park für Rousham entworfen. Immerhin galt Bridgeman, Hofgärtner Georges II., als Erfinder des sogenannten *ha-ha*. Dieser Aha-Graben, vom Haus aus unsichtbar, hielt das weidende Vieh vom Garten fern und ermöglichte zugleich den unverstellten Blick in die Ferne, ein wesentliches Element des späteren Landschaftsparks. Doch stand Bridgemans im Kern noch geometrischer Garten für eine alte, auch politisch überholte Naturidee. Mit seinen Mauern und gestutzten Hecken, rechtwinkligen Rabatten und schnurgeraden Alleen empfand man den Regelgarten als Symbol von Unterdrückung und Tyrannei. »Ein weiter Horizont ist ein Symbol der Freiheit«, schrieb Joseph Addison 1712 im *Spectator* und forderte die Gentlemen auf, ihre gesamten Güter in eine »schöne Landschaft« zu verwandeln. Das praktizierten als erste Lord Burlington und sein Kreis. Dieses Parkideal der romantischen, natürlichen Landschaft wurde auf dem Kontinent zum Inbegriff des Englischen Gartens. Sein großer Protagonist war William Kent, sein frühes Meisterwerk der Park von Rousham.

Hinter dem Haus liegt ein weiter Bowlingrasen, dahinter ein steiler Hang, flankiert von Bäumen, die den Blick über den Fluß und die Felder rahmen. Die alte Wassermühle am Cherwell, schon außerhalb des Parks, verwandelte Kent in eine gotische Ruine, und jenseits dieses *Temple of the Mill*, auf einem Hügel am Horizont, errichtete er einen weiteren *Eye-catcher*, eine rein ornamentale dreibogige Giebelwand – *sham ruins*, künstliche Ruinen zur pittoresken Inszenierung der Landschaft. So bezog Kent die gesamte Umgebung in sein Parkkonzept ein. »He leaped the fence, and saw that all nature was a garden«, pries ihn Horace Walpole: »Er sprang über den Zaun und sah, daß die ganze Natur ein einziger Garten ist.« In Rousham war dies ein besonderer Kunstgriff, da der Park selber kaum mehr als zehn Hektar umfaßt.

Dank des abschüssigen Ufergeländes erschließt sich die gesamte Anlage erst unterwegs, nicht auf einen Blick. Kent ersetzte die gerade Linie des Regelgartens durch die Schlangenlinie, deren Windungen wir folgen auf einem Weg voller Überraschungen, mit immer neuen Ausblicken nach jeder Biegung. Mit dem Rückgriff auf die Serpentinenform des Rokoko, von Hogarth später als *line of beauty* gefeiert, verwirklichte Kent ein wesentliches Stilprinzip des Pittoresken, das Moment der Überraschung. Populär wurde es nicht zuletzt durch Alexander Popes Rat für die Anlage eines Gartens:

> Let not each beauty everywhere be spied.
> When half the skill is decently to hide
> He gains all points who pleasingly confounds
> Surprises, varies and conceals the bounds.

Von der Nordwestecke des Bowlingrasens führt ein Pfad zwischen den Bäumen zur *Praeneste*, einer Aussichtsterrasse oberhalb des Flusses. Peter Scheemakers' Skulptur eines sterbenden Gladiators gibt dem Blick eine melancholisch-heroische Note. Die Terrasse wird von siebenbogigen Arkaden getragen, deren Nischen Kent mit Alkoven und Statuen ausgestattet hat; doch das ist erst von unten, auf dem Rückweg zu sehen. Von der Praeneste kommen wir ins *Venus Vale*, ein langes, von Bäumen gesäumtes Tal, das mit einer Kette von Teichen und Kaskaden hinunterführt zum Fluß. Zwei der vier Teiche sind inzwischen ausgetrocknet, auch die Fontänen nicht mehr in Betrieb. Doch die Statue der Liebesgöttin, Cupido-Knaben und Faune zitieren noch die elysischen Parkideale des gebildeten Gentleman im Tal der Venus.

Vielfach gewunden ist der Pfad durch den Wald, und mitten auf dem Landweg schlängelt sich nun auch ein Wasserweg, ein serpentinenförmig kanalisierter Bach, nicht mehr als 30 Zentimeter breit. Der *Watery Walk* ist Kents poetischste Erfindung im Park von Rousham, eine Liaison der Elemente, ein Liebespfad. Spielerisch fließt diese »Linie der Schönheit« von dem achteckigen Teich im Venus-Tal zum *Cold Bath*, einem wiederum achteckigen Teich mit einer Grotte. Auf einer Lichtung am Ende des Wasserwegs, im Schatten einer Zeder steht ein kleiner Tempel der Nymphe Echo. Von dort sah man früher, bevor Bäume den Blick verstellten, die mittelalterliche Brücke über den Cherwell, auch sie Bestandteil von Kents erweitertem Parkbegriff. Zurück ins Venus-Tal, am Fluß entlang oder durch den *Long Walk*. Diese Waldallee ist ein Rest von Bridgemans Garten, ebenso das kleine Amphitheater am Hügel unterhalb der Praeneste.

Das alles ist noch so, wie William Kent es vor mehr als

250 Jahren entwarf, und wenn uns jetzt, hinter der nächsten Wegbiegung, ein paar Kavaliere mit ihren Damen entgegenkämen, in Brokatwesten, Krinolinen, Dreispitz und gepuderten Perücken, wir würden sie so überrascht begrüßen wie alte Bekannte, die man sehr lange nicht gesehen hat.

Vier Jahre brauchten die rund 140 Gartenarbeiter, bis Rousham Park 1742 vollendet war. »Kents faszinierendstes Werk«, schwärmte Horace Walpole, »it is Kentissimo.« In seiner *History of Modern Taste in Gardening* (1771–80) verglich Walpole Rousham Park mit einem klassischen Tusculum: »Das Ganze hat soviel Anmut und antiken Geist, als hätte sich Kaiser Julianus die schönste Einsamkeit bei Daphni erwählt, zum Genuß philosophischer Muße.« Rousham war ein Stück Arkadien in Oxfordshire, eine englische Vision italienischer Landschaft, Antikenliebe unter kaltem Himmel. Es war ein Spiel mit den Elementen einer Bildung, die heute noch elitärer ist als damals.

Was die Gentlemen auf ihrer *Grand Tour* erlebt hatten, an einem Ort wie Rousham fanden sie es wieder in einem Landschaftsgarten, möbliert mit Urnen, Statuen, Tempeln und Ruinen. Die Praeneste erinnerte sie an die antiken Terrassen von Palestrina bei Rom, das Venus-Tal an die gestaffelten Kaskadengrotten der Villa Aldobrandini bei Frascati und Scheemakers' dramatische Marmorgruppe des Löwen im Kampf mit einem Pferd an das antike Vorbild in der Villa d'Este in Tivoli. Das alles hatte William Kent, Kenner italienischer Gärten und Theaterkulissen, virtuos kombiniert wie eine Serie klassischer Gemäldeszenen von Claude Lorrain, Poussin und Salvatore Rosa. Rousham Park ist die Landschaft eines Malers, gemäß

Popes Satz: »All gardening is landscape painting. Just like a landscape hung up.« So empfand es später auch August Wilhelm Schlegel, der die englische Gartenkunst »eine Landschaftsmalerei mit wirklichen Naturgegenständen« nannte.

Schon im 18. Jahrhundert war Rousham eine Touristenattraktion. Damals beklagte sich der Gärtner bei seinem Hausherrn, wenn er nicht die Fontänen anstellen dürfe, entgingen ihm im Jahr 60 Pfund Trinkgeld von den Besuchern. Die heutigen Besitzer tun alles, um das Massenpublikum fernzuhalten. Hier gibt es keine Souvenirs, weder Rousham-T-Shirts noch Topfpflanzen, nicht einmal Tee. Sein Picknick darf jeder mitbringen und seinen Abfall wieder mitnehmen – Papierkörbe gibt es im Hyde Park, doch nicht in einem Landschaftsgarten von William Kent. »I'm not prepared to change the spirit of the place, no!« Mrs. Cottrell-Dormer unterstreicht ihre Worte mit einem heftigen Schnippen der Gartenschere.

Ich traf sie im Rosengarten, eine kleine, energische Frau mit rotblondem Haar unter einem seidenen Kopftuch. Seit rund dreißig Jahren verwaltet Angela Cottrell-Dormer mit ihrem Mann das Gut Rousham. Sie züchten englische *Longhorns*, eine alte, inzwischen seltene Rinderrasse. Der landwirtschaftliche Betrieb, nur noch knapp 700 Hektar, und die Pachteinnahmen, davon leben sie, mit geringstem Aufwand. Für die dringend nötige Restaurierung der Stallgebäude von Kent wären rund fünf Millionen Mark erforderlich: »We haven't got it – so, that's it.« Lapidar, ohne zu lamentieren, erklärt Mrs. Cottrell-Dormer, wie sie mit nur zwei Gärtnern den historischen Park erhält. »Aufräumen nach einem Orkan, neu pflanzen, das ist alles. Man darf nur nicht das Falsche pflanzen.« Tannen zum Beispiel passen nicht in einen Kent-Park. Wenn aber die Viktorianer einen falschen Baum in Rousham pflanzten, warum soll man den heute fällen? »A garden is a living thing.« Kents Buchen, Lärchen und Lorbeersträucher hat Mrs. Cottrell-Dormer mit Eichen, Eschen, Eiben und Kastanien behutsam ergänzt. »Kents *Eye-catcher*, die Mühle und die Ruine, gehören uns noch, aber nicht mehr die Felder ringsum, auch nicht da drüben dieses scheußliche Cottage.« Das stört Kents Landschaftskomposition empfindlich, klagt Mrs. Cottrell-Dormer: »Kontrollieren kann man nur, was man auch selbst besitzt.«

Blumen gibt es in diesem Park nicht, so wenig wie die Blütenorgien der Rhododendren. Das ist nicht so selbstverständlich, wie es scheint. Stourhead Garden zum Beispiel, der populärste englische Landschaftsgarten, zur selben Zeit entstanden wie Rousham, hat einen historischen Farbfehler von beträchtlichem Ausmaß. Nach 1894 wurden dort jene Rhododendren gepflanzt, die der Vorliebe der Viktorianer für bunte Gartenfarben so sehr entsprachen wie dem kodachromen Geschmack heutiger Besucher. Im 18. Jahrhundert galt derlei als ordinär.

Als Connaisseur genoß man damals sublimere Sensationen, das Spektrum einer einzigen, unendlich differenzierten Farbe: Grün. Aufs schönste entfaltet sich dieser elementare Grundton der Natur in Rousham, die ganze Grün-Palette der verschiedenen Bäume, Sträucher, Kräuter, Gräser, vom lichten Gelbgrün junger Lindenblätter bis in die blaugrünen Schatten alter Eiben. In Rousham sehen wir Variationen jener englischsten aller Farben, die auch John Constables Malerei so einzigartig macht.

Im Rausch der Düfte

Kräutergärten, kriminell und kulinarisch

Es war Mittag, die Sonne stand hoch über der Abteikirche von Shrewsbury. Ich saß unter einem Weißdorn, berauscht von nichts als Düften. Thymian, Rosmarin, Salbei, Lavendel, mit jedem Luftzug wehten neue, wunderbare Düfte an mir vorüber. Aus einer Ecke des Kreuzgangs ertönten gregorianische Gesänge. Ein Mann in dunkelbrauner Kutte beugte sich tief über die Kräuterbeete, als übte er den zwölften Grad der Demut: sein Haupt gesenkt zu halten bei der Gartenarbeit, getreu der Ordensregel des heiligen Benedikt.

Das also war Brother Cadfaels Revier, und irgendwo dort drüben wuchs das verhängnisvolle Mönchskraut. *Monkshood* heißt es im Englischen, seiner kuttenförmigen Blüten wegen, bei uns meist Eisenhut, aber auch Venuswägelchen, Teufelswurz oder Wolfsgift. Aus der Wurzel dieser Pflanze hatte der kräuterkundige Mönch ein Öl destilliert, das, wohldosiert in schmerzende Gelenke eingerieben, überaus heilkräftig wirkte. Doch eines Tages verschwinden ein paar Tropfen aus seiner Klosterapotheke, ein Mann bricht unter Krämpfen tot zusammen, Giftmord – ein Fall für Brother Cadfael.

Der Detektiv in der Mönchskutte, Pater Brown im Kräutergarten: Es ist eine sehr englische Mischung, der die

Cadfael-Geschichten von Ellis Peters ihren internationalen Erfolg verdanken. Als sie 1995 starb, hatte sie zwanzig *medieval whodunnit* geschrieben. Diese Krimis aus dem Mittelalter und ihr Serienheld wurden so populär, daß Cadfael-Fans aus aller Welt heute nach Shrewsbury pilgern, zu den fiktiven Schauplätzen aus dem 12. Jahrhundert. Der literarische Tatort-Tourismus kulminiert im Shrewsbury Quest, einem *heritage centre* im Disney-Stil. Verkleidete Mönche, Handschriften zum Selbermalen, Gregorianik vom Endlosband. Dieser ganze mittelalterliche Mummenschanz wäre nicht der Rede wert, gäbe es dort nicht auch einen Garten, wie er im Buche steht: Cadfaels Kräuterreich, so authentisch rekonstruiert wie kein anderer englischer Klostergarten des Mittelalters.

Da wächst in Hochbeeten, von Eichenbrettern eingefaßt, was die Mönche zu ihrer Selbstversorgung brauchten: Gemüse, Kräuter, Blumen zum Schmuck der Altäre. »Die meisten Gärten waren weit größer als dieser«, sagt Graham Cox, »aber hier finden Sie wie in einem Mikrokosmos alle Elemente eines Klostergartens des 12. Jahrhunderts.« Graham Cox ist Obergärtner des Shrewsbury Quest, ein Mann Ende 50 mit der Statur eines Bruder Kellermeisters. Seit 1994 betreut er den Garten, den Sylvia Landsberg entworfen hat, Englands führende Expertin für *period gardens*. Ihrem Layout liegt der Grundriß eines Klostergartens aus Canterbury zugrunde, der den Bilderstürmern der Reformation zum Opfer fiel wie fast alle Klostergärten zur Zeit Heinrichs VIII.

»Wir haben hier jetzt etwa 140 verschiedene Kräuter, nur solche, die auch in einem Garten des Mittelalters wachsen würden.« Graham Cox zeigt rhapsodisch ins

Grüne: Fenchel, Kerbel, Mohn und Katzenminze, Betonie, Andorn, Raute, Liebstöckel – lauter Namen, die man auch im *Hortulus* fände, einem Gedicht auf den kleinen Kräutergarten des Inselklosters Reichenau, geschrieben im 9. Jahrhundert von Walahfrid Strabo, auch er ein Benediktiner wie Cadfael, der Detektiv in Christo. Die Kräuterauswahl von Shrewsbury indes beruft sich auf zwei andere, in England bekanntere Quellen: eine Pflanzenliste des Benediktinermönchs Aelfric (um 995) und der *Macer Floridus* (um 1050), ein Lobgedicht auf die Tugenden von 77 Kräutern.

Unkraut vergeht nicht, heißt es, und auch die Kräuter, die vor tausend Jahren wuchsen, sind alle noch zu finden. Immer wieder brachten ihm Besucher Kräuter aus ihrem eigenen Garten, berichtet Graham Cox und zerreibt ein paar Blätter unter meiner Nase: »Zum Beispiel *feverfew*, Frauenminze, gut gegen Migräne oder Fieber.« Zwei Jahre aber mußte er suchen, bis er endlich, bei einem Kräuterspezialisten im Norden Schottlands, die *Mandragora* fand. Die Alraunwurzel? Der legendäre Fruchtbarkeitsfetisch? Was trieben die Mönche mit diesem Hexenkraut? Die Alraune, erklärt Mr. Cox, wuchs schon in ägyptischen Tempelgärten, von alters her habe man sie gefürchtet und geschätzt, nicht zuletzt wegen ihrer betäubenden Wirkung. Deshalb führt die britische Gesellschaft der Anästhesisten bis heute Mohnkapseln und Alraune in ihrem Wappen, dazu die Devise »In Somno Securitas« (Im Schlaf liegt Sicherheit).

Ein Garten wie dieser zieht nicht nur Bienen und Schmetterlinge an. »Eines Tages besuchte mich eine alte Dame«, erzählt Graham Cox. »Sie war im Rollstuhl, in Begleitung ihrer Tochter, und sie hatte nur einen Wunsch: Ich sollte ihr eine Alraune zeigen.« Die alte Dame, stellte sich heraus, war eine Nachfahrin einer der Frauen, die man zur Zeit James' I., Anfang des 17. Jahrhunderts, in Lancashire als Hexen hingerichtet hatte.

»Vervain and dill hinders witches from their will«, sagt der englische Volksmund: Eisenkraut und Dill stört der Hexen Will'. Heilkräuter sind heilige Kräuter, Zauberkräuter, und auch in Brother Cadfaels Garten gibt es einen eingezäunten Teil, den *Poison Garden.* Dort hütet Graham Cox so giftige Pflanzen wie Eisenhut und Bilsenkraut, Nieswurz, Zaunrübe und *Atropa belladonna,* die Tollkirsche, die im Englischen *deadly nightshade* heißt, ein Nachtschatten, als Abtreibmittel nicht selten mit tödlichen Folgen.

Nein, der giftige Schierling wachse hier nicht, bedauert Graham Cox, und für Myrrhe, Inbegriff biblischer Wohlgerüche, sei das Klima im walisischen Grenzland wohl zu rauh. Aber Liebstöckel, das unverwüstliche Maggikraut, harntreibend, schleimlösend, dieses vielseitige Heil- und Küchenkraut hat Cadfaels Nachfolger natürlich angepflanzt. Seine Hand streicht durch einen hohen, gelb blühenden Strauch, es riecht nach Sellerie und Maggi, und da fällt ihm die Geschichte von der Liebstöckelflöte ein.

»Ich hatte einmal einen Kollegen, Robin, der Bankmanager war, bevor er arbeitslos wurde und im Shrewsbury Quest als Teilzeit-Mönch sein Geld verdiente. Brother Robin war ein passionierter Amateurmusiker, und so fragte ich ihn, ob er nicht aus einem Liebstöckelrohr eine Flöte machen könne. Als er sie zum ersten Mal ausprobierte, kam eine junge Japanerin auf uns zu, so verzaubert von diesen Tönen im Kräutergarten, daß Robin ihr die Flöte schenkte. Sie sei Musikstudentin, sagte sie, und das habe sie noch nie gehört: eine Liebstöckelflöte.«

Geschichten aus 1001 Duft. Vor einiger Zeit traf Graham Cox zwei Schwestern im Garten. Sie waren weit über 80, sichtlich beglückt über diese Ansammlung nützlicher Kräuter, bis eine von ihnen plötzlich die Nase verzog: *»Oh, wormwood!* Wermut – erinnerst du dich?« Da war er wieder, ein bitterer Nachgeschmack der Kindheit, die Wermutstropfen, die ihre Eltern ihnen verabreichten, einmal im Monat, gegen Würmer und Verdauungsbeschwerden. Es schüttelte sie noch heute, und so haben sie wohl nicht mehr gesehen, daß *Artemisia absinthium* sehr feine, seidig behaarte Blätter hat, von milchigem Grün bis hellstem Silbergrau.

Die frühen Kräutergärten waren *Physic Gardens*, Arzneigärten, und die ersten Herbarien Heilkundebücher auf Kräuterbasis. Ärzte und Apotheker, die Brother Cadfaels Garten besuchen, bestätigen Graham Cox immer wieder, daß Ellis Peters ihren Amateurdetektiv mit sehr genauen Kräuterkenntnissen ausgestattet habe. Die hat sie sich selber als Drogerieverkäuferin angeeignet, lange bevor sie ihre Bestseller schrieb. »I know my herbs«, sagt Cadfael. »Kräuter haben feste Eigenschaften und folgen heiligen Regeln. Menschen tun das nicht. Und ich kann nicht einmal wünschen, daß sie es täten.«

Zur gleichen Zeit wie der fiktive Bruder Cadfael, im 12. Jahrhundert, machte sich im fernen Deutschland auch eine Benediktinernonne Gedanken über die Natur des Menschen und der Kräuter. Dem *homo destitutus*, uns gebrechlichen Geschöpfen, empfahl Hildegard von Bingen die *viriditas*, die Grünkraft der Erde. Rund 140 Kräuter beschrieb die gelehrte Äbtissin – soviel, wie in Bruder Cadfaels Garten wachsen. Fenchel empfahl sie gegen Schlaflosigkeit, Brennesselsud gegen Vergeßlichkeit und Minze gegen Wollust. *»Oh, mint«*, sagt Graham Cox, »das hilft mir immer.« Nicht gerade gegen Wollust, aber bei Streß und Magenschmerzen: »Ich pflücke mir ein Blatt Pfefferminz und kaue es, schon geht's mir besser.« In seinem Schlafzimmer hängt er gerne ein Bund *fleabane* auf – Flohkraut vertreibt die Fliegen.

So hat jeder seine Hausmittel, und manchmal helfen sie ja wirklich. »Viele Besucher sagen mir, daß sie in ihrem Garten Andorn ziehen, gut gegen Husten. Viele sind aber auch überrascht, wenn sie hier zum ersten Mal Johanniskraut in natura sehen, die meisten kennen diese neue Wunderdroge ja nur noch als Pille aus der Apotheke.« Ganz unscheinbar steht es da, das gelb blühende *Hypericum perforatum*, auch Gottesgnadenkraut genannt, schon von Paracelsus als Heilpflanze gerühmt und heute Bestseller-Präparat einer depressiven Gesellschaft, beliebter (und wirksamer) als alle synthetischen Stimmungsaufheller.

In Cadfaels Kräutergarten habe ich zum ersten Mal nebeneinander auch die wichtigsten Färbepflanzen des Mittelalters gesehen: den Waid, aus dessen Blättern die blauen Pigmente gewonnen wurden; Krapp, die Färberröte; und *Genista tinctoria*, den Färberginster für die Gelb- und Grüntöne.

Auch *soapwort* wächst dort, das blaßrosa blühende Seifenkraut. Einer der Mönchsdarsteller des Shrewsbury Quest zerreibt die Blätter der *Saponaria* in einem Mörser, mischt sie mit Wasser und Zitronenmelisse – duftende Seifenlauge, mit der wir uns gerne die Hände waschen, wie das schon die Assyrer taten. Heute reinigen Restauratoren empfindliche Textilien mit *Sweet Betty*, der sanften Naturseife.

Klostergärten produzierten nicht nur Melissengeist und andere Kräuterschnäpse, auch Faserpflanzen für Leinen, Säcke und Seile wurden angebaut: der himmelblau blühende Flachs und Hanf, von den Griechen *Cannabis* genannt, »Indischer Träumer« von dem Herbalisten John Gerard. Anfangs fürchtete der wackere Mr. Cox, die Kiffer könnten über die Mauer klettern, um seinen Hanf und Mohn zu ernten. Doch blieben die wenigen Demonstrationspflänzchen bisher ungeschoren. Groß aber ist das Interesse der *New Age People* am Kräutergarten von Shrewsbury. Was sie hier suchen? »Reinheit. Unkompliziertere, weniger künstliche Lebensformen«, vermutet Graham Cox, »eine Art Naturreligion, wie die Indianer.« Wo der Glaube an die Schulmedizin schwindet und die Kirchen sich leeren, füllen sich die Kräuterläden.

Wir gehen durch die Pergola, im Schatten von Geißblatt und Kletterrosen, ein Königsweg der Düfte. Tief zieht Graham Cox die Luft ein, hält sie an, gibt sie gar nicht mehr her, als wolle er bis in die Spitzen seiner Lungenflügel noch die letzten, feinsten, verwehenden Aromastoffe kosten. Wenn er dann ausatmet, klingt es etwas enttäuscht. »Meine Nase ist nicht mehr besonders gut. Aber ich gehe immer wieder durch den Garten, nur um zu riechen.«

Doch liebt er seine Kräuter nicht nur der Düfte und Heilkräfte wegen, auch ihre alten Bedeutungen sind ihm noch so vertraut wie den Gläubigen zu Cadfaels Zeiten. Er kennt die biblischen Wurzeln des Salomonssiegels, des einstigen Wunderkrauts, die christliche Symbolsprache von Schlüsselblume, Rose, Schwertlilie und anderen Marienblumen. Er weiß, daß die Akelei, die man im Englischen *columbine* nennt, Taubenblume, als Symbol des Heiligen Geistes galt, eine Blume der Unschuld und der Fruchtbarkeit; daß die weißen Blüten des Maiglöckchens die Tränen Marias bedeuten und daß diese Blume, die in England immer noch *Lily of the Valley* heißt, benannt ist nach der »Lilie der Täler« im Hohelied. »Ich liebe solche Verbindungen«, sagt Graham Cox. »Aber es geht noch weit tiefer, es reicht zurück zu unseren urzeitlichen Wurzeln. Kräuter sind ein Teil von uns. Es hat etwas Ursprüngliches, fast Instinktives.«

Nicht nur Klöster, auch Wirtshäuser hatten im Mittelalter Kräuter in ihren Gärten. Man schätzte sie zur Verfeinerung der Speisen, vor allem aber zur Desinfektion und zur besseren Verdauung. Kühlschränke gab es nicht, das Fleisch stank zum Himmel, Gewürze mußten her, Thymian, Rosmarin, starke, duftende Kräuter, Kräuter auf dem Teller und in den Kleidern, Streukräuter auf dem Fußboden, Fenchel, Rainfarn, Mädesüß, denn nicht nur das Fleisch im Wirtshaus, auch der Tischnachbar stank, das Zimmer, die Gasse, die Stadt, eigentlich stank es überall. Zu ertragen war das Leben nur, weil Gott am dritten Tag die Kräuter erschaffen hatte.

Heute gehören Kräuter zur ökologisch korrekten Lebensführung und, wohldosiert, zur Haute Cuisine. Englands Landhaushotels pflegen ihre Exklusivität auf unterschiedliche Weise. Einige haben feudale Parks, eigene

Golfplätze, Jacuzzis, Fitness- und Beauty-Center. Andere haben einen Kräutergarten. Hintlesham Hall in Suffolk hat vor Jahren damit angefangen; auch Gidleigh Park im Dartmoor oder Maes-y-Neuadd in Wales sind gute Adressen. Aber nur ein einziges Hotel hat es bisher geschafft, mit seinem Kräutergarten im *Good Gardens Guide* aufzutauchen und im *Good Food Guide:* Congham Hall in Norfolk.

Als Christine und Trevor Forecast dieses georgianische Landhaus am Rand der ostenglischen Fens 1982 übernahmen, waren da nur ein paar Blumenbeete und reichlich Weideland. Ihre eigene Gartenerfahrung beschränkte sich auf die Pflege eines Bowlingrasens. Mrs. Forecast, eine praktische Frau, pflanzte als erstes Petersilie, Minze, Thymian, das Nötigste für den täglichen Bedarf. So begann es: als Hotel mit ein paar Küchenkräutern; jetzt ist es ein Kräutergarten mit Hotel.

Ich biege in den *Mint Walk* ein, und da liegt sie vor mir, die grüne, graue, purpurschwarze, silberweiße Welt der Kräuter, gänzlich unspektakulär, jedenfalls für Besucher mit dem bunten Blumenblick. Aber dann: welche Fülle, welche Vielfalt! Hier gibt es nicht nur Basilikum, sondern gleich zwanzig Arten von Basilikum. Nicht nur eine Lavendel-Art, sondern vierzig. Zehn verschiedene Majoran, zehn Arten von Heiligenkraut, sechzehn Rosmarin- und zwanzig Salbei-Sorten, dreißig Arten von Minze, sechzig von Thymian – insgesamt mehr als 700 verschiedene Kräuter.

Da wachsen Myrte, Mädesüß und Frauenmantel, Wasserdost und Wolfstrapp, Günsel, Gamander und Guter Heinrich, Engelwurz, Nelkenwurz, Nachtkerze, Prachtscharte und mehr als ein Dutzend verschiedene Pelargonien. In Congham werden die Kräuterbeete selbst wieder von Kräutern eingefaßt: Estragon von Lavendelbüschen, Basilikumbeete von Salbei- oder Schnittlauchreihen. Wo andernorts meist Buxushecken für Abgrenzung sorgen, dienen hier Walderdbeeren, Santolina oder Thymian als Kräuterrahmen.

Und wie das duftet! Deine Hand streicht über einen Busch, du zerreibst ein paar Blätter, schon fallen die Düfte über dich her wie Weihrauchdämpfe. Thymian, dachte ich immer, riecht eben wie Thymian. Aber dieser hier riecht nach Kümmel, ein anderer nach Muskat, nach Kampfer, Kiefer, Eukalyptus. Oder Basilikum, wie unterschiedlich duften Basilienkräuter: nach Anis, Lakritze, Zimt, Nelken, Zitrone. Provenzalische Gerüche, griechische, mexikanische, indonesische, Gerüche von orientalischen Basaren – wie aus unsichtbaren Düsen strömen diese Düfte hier in Congham Hall aus der englischen Erde. Was für ein Terrain für die geniale Nase von Grenouille, den Helden von Patrick Süskinds *Parfüm*.

Ich stelle mir vor, wie Grenouille in diesem olfaktorischen Kosmos der Kräuter schwelgen würde, mit geschlossenen Augen und geblähten Nüstern, witternd, filternd, alles aufsaugend für die »synthetische Geruchsküche seiner Phantasie«, und wie er unter den vielen Düften dem einen, unbekannten nachspürte: »Unbegreiflich dieser Duft, unbeschreiblich, in keiner Weise einzuordnen«; wie ihm fast schlecht würde vor Aufregung, »denn er ahnte, daß nicht er dem Duft folgte, sondern daß der Duft ihn gefangengenommen hatte und nun unwiderstehlich zu sich zog.« So ähnlich muß es auch Mrs. Forecast ergangen sein.

»I just *love* it«, sagt Christine Forecast. Kann man eine Leidenschaft erklären? »You just collect.« Mit der Systematik einer Briefmarkensammlerin ging sie auf die subtile Jagd nach Düften. So passierte es eben: »The herbs took over«, die Kräuter vermehrten sich nicht nur, sie verselbständigten sich. Aber dann ist Mrs. Forecast doch Engländerin genug, um ihre Passion ganz pragmatisch zu begründen: »Kräuter sind die nützlichsten Pflanzen in meinem Garten. Man kann sie betrachten, sie duften phantastisch, und man kann sie ernten. Ich mache daraus Kräuteröl, Gewürzessig, Saucen, Gelees und Sorbets, ich trockne sie für Dufttöpfe, Riechsträuße, Kräuterkissen, alles wird recycelt.« Der Rest ist Kompost. »Ja«, sagt Mrs. Forecast begeistert, »einige Kräuter säen wir eigens zum Kompostieren, zum Beispiel Beinwell.«

Andere Hotels haben Zimmer, Congham Hall hat Duftsalons. In meiner Suite finde ich ein halbes Dutzend Aromakörbe mit getrockneten Kräutern und Blumen, Kräuterbeutel für die Badewanne (»Infuse in the bath like a tea bag!«), Kamillenseife, Veilchenshampoo und einen Raumspray mit Apfelaroma. Für Leute, die sich nicht riechen können, gibt es keinen besseren Ort als Congham Hall.

Die eigentliche Aromatherapie findet natürlich draußen statt. »Wenn ein Geschäftsmann ankommt, total verspannt und gestreßt, schicke ich ihn erst einmal in den Garten«, sagt Mrs. Forecast. »›*Rub the leaves*‹, sage ich, ›reiben Sie an den Blättern, überall.‹ Eine halbe Stunde später kommt er zurück und lächelt.« Allerdings soll es im Kräutergarten auch schon zum Ehekrach gekommen sein, wenn sie plötzlich seinen *Joop!*-Duft ordinär fand und er ihr *Sabatini* penetrant.

Welche aphrodisischen Kräuter aus Ihrem Garten können Sie mir empfehlen? »*Parsley*«, sagt Mrs. Forecast, »Petersilie!« Auf der Hotelterrasse steht ihr *Chaste tree*, der bei uns Keuschlamm heißt oder Mönchspfeffer. »In einem alten Kräuterbuch las ich, daß Väter dieses Kraut ihren Töchtern in die Unterwäsche schoben, damit sie Jungfrauen blieben. Offenbar sollte der scheußliche Geruch ihre Liebhaber abschrecken.« Mit einem gackernden Lachen streicht Mrs. Forecast, Mutter zweier Töchter, ihre schwarzweiße Seidenhose glatt.

Griffbereit neben ihrem Bett liegt Nicholas Culpepers *Herbal* von 1653, *great fun*, eines der populärsten Kräuterbücher aller Zeiten. »Der Koch sollte ein halber Arzt sein«, riet Culpeper, der 398 Kräuter beschrieb und als Arzt ihre Wirkung kannte. Im Garten von Congham, scheint es, ist gegen alles ein Kraut gewachsen. Doch hält sich Mrs. Forecast mit homöopathischen Empfehlungen zurück: »Da muß man schon die Proportionen genau kennen, sonst sitzen meine Gäste am Ende noch die ganze Nacht auf dem Klo.«

So viel es hier zu sehen und zu lernen gibt, dies ist kein botanisches Museum wie die meisten historischen Gärten, sondern ein *working garden* in der Tradition alter Landgüter, deren Küchengarten eine vielköpfige Familie samt Gesinde zu versorgen hatte mit frischem Gemüse und frischen Blumen fürs Haus. Jeden Morgen um zehn geht Michael Pawley mit zwei großen Aluminiumschüsseln durch den Garten von Congham. Michael ist 24, *Head Gardener*, lang und dünn wie eine Stangenbohne. Etwa dreißig verschiedene Kräuter und Salate pflückt er täglich für die Küche. Wenn das nicht reicht, eilen manchmal Köche mit weißen Schürzen ins Grüne, *the rabbits*, wie die Gärtner diese Kräuterräuber nennen. Zum Lunch haben wir ihn auf dem Teller, den berühmten *Congham Hall Salad.* Vergessen Sie alles, was Sie je über Salat gehört haben. Zarte, junge Lattich- und Fenchelblätter, grüngoldener Portulak, Ölrauke und Römischer Ampfer, Liebstöckel, Myrrhenkerbel, Wiesenknopf – und obendrauf eine orangerote Kressenblüte, scharf wie Rettich.

Gartenvereine, die *British Herb Society,* Kräuterklubs aus Japan und Amerika, sie alle pilgern inzwischen nach Congham Hall. Wenn Gartenführung und Vorträge enden und das *Herb Lunch* naht, beginnt für manche die schönste, die kulinarische Entdeckung der Kräuter. *»Oh, woodruff! Lemon verbena!«* Entzückt werden noch die winzigsten Aromaspuren identifiziert, hier ein Waldmeisterblättchen, dort ein Hauch vom Zitronenstrauch. Und zum Dessert, je nach Saison, blühen uns hier auf dem Teller karamelisierte Narzissen, Veilchen oder Malven. »Ich esse sie immer«, sagt Mrs. Forecast, »viele Gäste sind da etwas ängstlich.«

In Congham Hall haben mir zum ersten Mal in England die notorischen Frühstückswürstchen geschmeckt, *herb sausages* mit Thymian und Salbei. Unvergeßlich auch das Pelargonien-Sorbet, das Lavendel-Eis zum Apple Crumble. Doch für die wirklich große Haute Cuisine mit Kräutern lohnt sich jeder Umweg nach Great Milton, in Raymond Blancs Manoir aux Quat' Saisons. »He's totally different ball game to here«, sagt selbst Mrs. Forecast, Monsieur Blanc kocht in der Champions League.

Am Rand der Cotswolds, südöstlich von Oxford, liegt Großbritanniens einziges Landhaushotel, über dem seit fünfzehn Jahren zwei Michelin-Sterne leuchten. Der Mann, der Le Manoir aux Quat' Saisons zum Inbegriff lukullischer Raffinesse und luxuriöser Gastlichkeit gemacht hat, ist ein gebürtiger Franzose. Als Kellner, mit 23, kam Raymond Blanc 1972 nach England, eröffnete fünf Jahre später in Oxford sein erstes Restaurant und 1984 Le Manoir. Die besten englischen Köche gingen durch seine Schule. Le Manoir hat 28 Zimmer, 129 Angestellte (allein 32 in der Küche) und einen Jahresumsatz von rund 15 Millionen Mark. Wundern Sie sich also nicht über die Rechnung. Oder darüber, daß am Nebentisch Mick Jagger sitzt, Richard Branson oder Andrew Lloyd Webber. Einmal, nach einem exorbitanten Dinner, klagte die ehemalige britische Gesundheitsministerin Edwina Currie: »What's on sale here is the English class system at its worst.« Was für ein Mißverständnis, Edwina. Genuß hat seinen Preis.

Ja, ich habe geschlemmt, einen Abend lang und ohne Reue in der Nacht, denn bei aller Üppigkeit ist hier selbst ein *Menu Gourmand* mit acht Gängen leicht und bekömmlich. Seebarbe auf Fenchel, mit einer Vinaigrette aus Thymian und Koriander; geröstete Wachtel in einer Sauce aus Rotwein, Port und Zitronenstrauch, dazu die zartesten Rote-Bete und Zwergmöhren; von den Desserts nur dies: *Red Fruit Soup*, Himbeeren, Brombeeren und Erdbeeren in einem Saft mit Minze und Basilikum.

»Kräuter sind für mich eine wesentliche Grundlage großer Kochkunst, *terribly important*«, sagt Raymond Blanc. »Aber man muß vorsichtig sein. Kräuter sollen sich nicht vordrängen, nur beitragen zum Gesamtaufbau eines Gerichts, zu den Nuancen des Geschmacks.« Wie Lasurmaler ihre Farben auftragen, in dünnen Schichten übereinander, bis sie vom Grund her ihre Fülle und Leuchtkraft entfalten, so komponiert Maître Blanc die Aromalasuren seiner Kräuter, brillant bis ins Detail, ein Meister der infinitesimalen Genüsse. Manchmal versteckt er in einem einzigen Gericht gleich achtzehn Kräuter – »just divine, truly divine«. Kräuter-Puristen wie Wolfram Siebeck (»Ein Gewürz genügt«) kann er nur bedauern: »In der Hand eines guten Kochs wirken Kräuter kleine Wunder.«

Am nächsten Morgen zeigt mir Raymond Blanc seine Gärten, die Seerosen und Schwertlilien im Water Garden, den Japanischen Garten, wo wir im reetgedeckten Teehaus meditieren können vor einer englischen Eiche, und dann, als stünde er wieder auf dem bäuerlichen Boden seiner Kindheit in Besançon: *Le Potager*, sein ganzer Stolz, der Gemüsegarten. Flageolets, Rettich und Lattich, Wirsing, Weißkohl, Spitzkohl und Spinat, Tai-Tsai-Kohl aus China, Broccoli Calabrese, mehr als 150 verschiedene Gemüsesorten wachsen da, biologisch korrekt angebaut, von Auberginen bis Zucchini quer durchs grüne Alphabet. »Das ist das Herz des Gartens«, sagt Anne Marie Owens, »es macht die meiste Arbeit, aber auch das größte Vergnügen, wenn man sieht, wie zufrieden die Gäste hier nach dem Essen spazieren.«

Anne Marie Owens, rund wie ein rotstieliger Mangold, ist *Head Gardener* im Quat' Saisons, wahrscheinlich die einzige Obergärtnerin in England, die auf der Speisekarte eines Restaurants genannt wird, neben Küchenchef und Patissier, den Stars der kulinarischen Besetzungsliste. »Die Küche braucht täglich Schnittlauch, Kerbel, Koriander, Dill und Thymian, das ist der Grundbedarf. Dazu die Kräuter, die Monsieur Blanc besonders schätzt: Basilikum, Majoran, Estragon und Zitronenstrauch.« Anne Marie

Owens bückt sich und pflückt einen rot blühenden Salbeizweig. »Was für eine wunderbare Farbe«, sagt Raymond Blanc, riecht an der Blüte und beißt sie ab. »Schmeckt wie Brombeeren, *fabulous*!« Anne Marie pflückt zwei andere Salbei-Arten, Maître Blanc schließt die Augen und kaut: »Ananas! Mandarine! *Fabulous*!« Welches Gericht er jetzt wohl entwirft? »Neugier macht kreativ. Man muß frisch bleiben, immer offen sein. Und immer aufs Detail achten – *details, always look at details!*«

Sechs Gärtner leistet sich Le Manoir. Mit rund hundert verschiedenen Kräutern ist auch dieser Garten längst über den reinen Küchenbedarf hinausgewachsen. Heilkräuter sind es jetzt, medizinische Aspekte der Pflanzen, die den Meisterkoch besonders interessieren. »Kerbel, zum Beispiel, hat viel Magnesium, gut für die Augen, *I love chervil.*« Ein Kurhotel plant er nun, Entschlackungskuren, bei denen endlich auch Gourmets auf ihre Kosten kommen, *good food* im Zeichen von Brunnenkresse, Bärenlauch und *serious money.* »Früher hatten die Briten nur das Bedürfnis, sich vollzustopfen, um zu überleben. Heute wissen sie schon, daß Essen auch eine Medizin ist.« Wer wie Raymond Blanc mit 41 seinen ersten Schlaganfall hatte, für den ist gesunde Ernährung mehr als ein Biotrip à la mode.

Herbs in a cold climate. Die Liebe der Engländer zu den Kräutern hat etwas Heroisches, wie ihr Hang zum Weinbau. Es scheint, als gebe es für diese Nation der Gartensportler keine schönere Herausforderung als die Zucht mediterraner Kräuter, unter freiem Himmel natürlich, nicht in Blumentöpfen auf der Küchenfensterbank. Im Kräutergarten von Congham Hall las ich das Schild: »Winter flooding gives annual grief!« Curry, Thymian, etwa 120 Pflanzen haben sie dort verloren im großen Frühjahrsregen 1998. Ja, nickt Anne Marie Owens, Kräuter fühlen sich wohler, wenn es trocken ist, und etwas mehr Wärme wäre nicht nur gut für Estragon. Um so erfreulicher, wenn ausgerechnet Basilikum, dieses gänzlich unenglische Sonnenkraut, im Garten von Le Manoir so unerklärlich gut gedeiht.

Als Gärtnerin hat Anne Marie Owens ein einfaches, englisches Erfolgsrezept: »Work with the weather, not against it.« Monsieur Blanc wird das nie ganz verstehen. Frischer Ingwer, asiatische Kräuter, soll er darauf verzichten? »Wir müssen eben ein kleines Gewächshaus bauen«, sagt er. Dieses Klima! Das fehlende Licht! »Manchmal denke ich: Was zum Teufel habe ich hier verloren? In Frankreich hätte ich es zehnmal leichter. Aber ich mag nun einmal die Engländer. Sie sind soviel nobler als die Franzosen und viel romantischer, *a very odd breed.*« Raymond Blanc beißt in ein Salbeiblatt, das im Regen glänzt, und schon ist er wieder mit seiner Gärtnerin im schönsten Disput über Kraut und Rüben.

»Und du, Wegerich, Mutter der Pflanzen, offen nach Osten, mächtig im Innern: Über dich knarrten Wagen, über dich ritten Frauen, über dich schritten Bräute, über dich schnaubten Farren; allen widerstandest du und setztest dich entgegen: So widerstehst du auch dem Gift der Ansteckung und dem Übel, das über das Land dahinfährt.« Auch gegen die Pest sollte er schützen, der allgegenwärtige, unscheinbare Wegerich, der in diesem angelsächsischen Kräutersegen des 10. Jahrhunderts beschworen wird. Ob er mir unterwegs auf Reisen in England geholfen hat, wer kann das schon wissen. Aber daß ich am Ende Mrs. Yate noch traf, war wohl ein Glücksfall, um nicht zu sagen ein Kräutersegen.*

Angela Yate wohnt in einem kleinen Haus an der Dorfstraße von Wilburton, weitab im ostenglischen Fen. Jeder hat hier einen Garten mit Blumen und Gemüse, aber einen *Herb Garden* mit mehr als 200 verschiedenen Kräutern hat nur Mrs. Yate. Sie betreibt keine botanischen Studien, keine Pflanzschule, sie versorgt auch keine Hotelküche, nein, *it's just for fun* und ganz privat.

Zwischen Seifenkraut und Engelwurz, im »Bibelbeet« gleich hinterm Haus schläft ihr Kater Fergus. *Angelica archangelica*, Raute, Flachs und Ysop, das »heilige Kraut« der Hebräer – »meine biblische Sammlung, damit fing es an«. Im unendlichen Reich der Kräuter hat Mrs. Yate sich ihre eigene Ordnung geschaffen: Beete mit Zauberkräutern und Färbepflanzen, klösterliche Heil- und Küchenkräuter, ein astrologisches Beet mit den Kräutern der Tierkreiszeichen, Miniaturgärten mit römischen, chinesischen und elisabethanischen Kräutern.

Systematik? Was für ein deutscher Gedanke. »Can I have a Roman garden, please«, bat eines Tages ihre Tochter Penelope. »So I did it«, sagt Mrs. Yate, las nach, was die Römer wohl im Garten hatten, und pflanzte: Lavendel, Rosmarin und Lorbeer, Salbei, Schnittlauch, Hopfen und Majoran. Was für einen englischen Geschmack die Römer doch hatten! Im *Dye Garden* sah Mrs. Yates Tochter, wie

* Der zitierte Kräutersegen stammt aus dem *Liber medicinalis de virtutibus herbarum*, auch *Lacnunga* genannt (Harleian manuscript no. 585, British Museum). Für diesen Hinweis danke ich Paul Bygrave, Bibliothekar des Chelsea Physic Garden in London.

blau die Schminkwurz blüht, aus der man den roten Farbstoff Alkannin gewinnt. Und was machte früher Butter und Käse so gelb? *Lady's bedstraw*, das Labkraut mit seinen honigsüßen Blüten.

Hier im Fen, auf dem buchstäblich flachen Land, ist die Volksmedizin noch lebendig. »Schafgarbe ist gut für die Augen«, sagt Mrs. Yate, »und Nachtkerze für trockene Haut.« Gegen Motten empfiehlt sie Wermutblätter, Wolfsmilch gegen Warzen. Der Heilziest sei gut zum Reinigen von Wunden, weshalb er im Englischen auch *woundwort* heiße, und Singrün sei blutstillend, besonders bei Nasenbluten. Im Eingang ihres Hauses hat Mrs. Yate ein Büschel Rainfarn aufgehängt, um die Fliegen zu vertreiben. »Bei Heuschnupfen hilft manchmal Poleiminze, auch gegen Ameisen, den scharfen Geruch mögen sie gar nicht.«

Mit jedem Duft, den Mrs. Yate pflanzte, kamen neue Geschichten nach Wilburton. Selbst die alten, biblischen Geschichten schmeckten nun anders, neu gewürzt. Als der Teufel nach dem Sündenfall den Garten Eden verließ, so erzählt eine arabische Legende, sei aus seinem linken Fußabdruck der Knoblauch aufgeschossen und aus seinem rechten die Zwiebel. Offenbar hat Gott doch nicht alle Kräuter erschaffen, denkt Mrs. Yate, wenn sie solche Geschichten hört.

»There's fennel for you and columbine«, sagt sie plötzlich, als stünden wir auf der Bühne des Globe Theatre und nicht in ihrem Garten, vor Fenchel und Akelei. »And there is pansy, that's for thoughts«: Ja, auch Stiefmütterchen wachsen da, aus dem *Hamlet* verpflanzt nach Wilburton, Thymian und Veilchen aus dem *Sommernachtstraum* und aus *Othello* der Mohn, aber leider nicht die Alraune.

So vollständig wie die *Shakespeare Gardens* in Stratford ist Mrs. Yates Shakespeare-Beet natürlich nicht, aber um so persönlicher, ein kleiner Knotengarten, umgeben von Feigen- und Maulbeerbäumen, Mispel, Quitte, Santolina und anderen Pflanzen elisabethanischer Gärten. Die Bibel, Shakespeares gesammelte Werke – den *herb fanatics* wird alles zum Kräuterbuch.

»O, große Kräfte sind's, weiß man sie recht zu pflegen, / Die Pflanzen, Kräuter, Stein' in ihrem Innern hegen«, sagt Bruder Lorenzo im zweiten Akt von *Romeo und Julia.* Aus seinem Klostergarten wählt der kräuterkundige Franziskaner eine Pflanze, aus der er ein Schlafmittel für Julia braut: »Within the infant rind of this weak flower / Poison hath residence, and medicine power« – »Die kleine Blume hier beherbergt gift'ge Säfte / In ihrer zarten Hüll', und milde Heilungskräfte: / Sie labet den Geruch, und dadurch jeden Sinn; / Gekostet, dringt sie gleich zum Herzen tötend hin.«

Es war das Bilsenkraut und nicht der Eisenhut, sagt Mrs. Yate.

Figuren immergrüner Phantasie

Von Irrgärten und Heckenschneidern

Wir haben sie in Great Dixter, Knightshayes und Nymans Garden gesehen, sie stehen in feudalen Parks oder in Vorgärten am Straßenrand: Hecken und Büsche in Form von Pfauen, Schwänen, Schachbrettfiguren oder Dampflokomotiven. Dies sind die wahren Ausschweifungen der Gartenkunst, die Transvestiten der Natur.

Pflanzen zu immergrünen Skulpturen zu frisieren ist eine alte Kunst. *Ars topiaria* heißt sie im Lateinischen, ihr englischer Ableger *topiary*. Überall in den Villengärten vornehmer Römer, berichtet Plinius der Ältere, sehe man »Jagdszenen, Schiffsflotten und alle möglichen, aus Zypressen geschnittene Figuren« oder Hecken, die aussehen wie »Buchstaben, die den Namen des Hausherrn schreiben«. Topiary ist der Schnittpunkt von Kunst und Natur, eine Fortsetzung der Architektur in der Pflanzenwelt. Auch Leon Battista Alberti, der Genueser Renaissance-Baumeister, entwarf Gärten mit grünen Riesen, Drachen und anderen Topiary-Figuren. Diese Haute Couture der Gartenkunst war geradezu maßgeschneidert für die englische Lust am Exzentrischen.

Was in elisabethanischen Knotengärten noch geometrische Façon behielt, mutierte im Barock zu immer bizarreren Formen. Solche Gartenspielerei war nicht jedermanns

Sache. »I, for my part, do not like Images cut out of Juniper, or other Garden stuff; they be for Children«, das sei etwas für Kinder, schrieb der Philosoph Sir Francis Bacon in seinen *Essays* (1625). Der Purismus der Rationalisten hielt die Popularität des Topiary nicht auf. Zur nationalen Modewelle wurde es im 17. Jahrhundert, besonders nach der anglo-holländischen Thronverbindung von William & Mary. Wilhelm von Oranien legte selbst Hand an seine Eibenhecken in Kensington Gardens.

Als dann im Zeitalter Rousseaus und des Landschaftsparks ein neues Naturverständnis die Gärten von ihrem absolutistischen Regelwerk befreite, erschien auch die Kunst des Formschnitts so verzopft wie die Perücke. »Ich möchte lieber auf einen Baum blicken mit seinem üppigen Wuchs und seinen ausgebreiteten Ästen und Zweigen als auf eine zugeschnittene mathematische Figur«, schrieb Joseph Addison. Nur wenige alte Topiary-Gärten überlebten die Naturreformer des 18. Jahrhunderts: der von Packwood House in Warwickshire (1660), Chastleton in Oxfordshire (um 1700), Canons Ashby in Northhamptonshire (1710) und der extravaganteste von allen, Levens Hall in Cumbria (1690–1720), wo mehr als acht Meter hohe Eibenskulpturen wachsen, dank jahrhundertelanger Hingabe der Heckenschneider.

Die Renaissance der Formgehölze begann erst wieder in viktorianischer Zeit. Topiary-Gärten sollten Tudor-Atmosphäre vermitteln, die Aura alter Landsitze, ein Statussymbol. Aus den herrschaftlichen Parks sprang die neu erwachte Mode nun wie Flugsamen über in die Cottage-Gärten und weiter in die Vorgärten der Reihenhäuser. »Poor man's sculptures«, Topiary-Figuren konnte sich jedermann leisten, der Geduld, Phantasie und eine Heckenschere hatte. Und die geeigneten Pflanzen: am besten Eibe, Buchsbaum oder Liguster, auch Lorbeer, Hainbuche oder Stechpalme.

Aus der Konformität gradliniger Hecken auszuscheren in eine Welt geometrischer und phantastischer Formen ist ein Vergnügen eigener Art. Topiary wurde zur Krone der Hobbygärtnerei. Systematisch widmete sich Charlie Thorne, Schafscherer von Beruf, nach 1945 der Ligusterhecke seines Vorgartens in Beckington bei Bath, bis sie die Form eines Dreadnought-Schlachtschiffs hatte, zur Erinnerung an *HMS Queen Elizabeth*, auf dem er zwei Weltkriege lang zur See gefahren war.

Vögel, Katzen und Dinosaurier, Sessel, Teekannen und Teddybären: Die grünen Dressurerfolge kennen keine Grenzen. In Kübeln und Kleingärten, überall wachsen nun Kugeln, Kegel, Spindeln und Pyramiden. Inmitten stereotyper Wiederholungen sehnt man sich heute selbst in England gelegentlich wieder nach einer schlichten Hecke. Nur eine Variante der immergrünen Phantasie bin ich bisher nicht leid geworden: Labyrinthe.

In Hurn, gleich neben dem Flughafen von Bournemouth, liegt das Wunderland von Russell Lucas-Rowe. Statt sich weiter mit Brüsseler Milchquoten herumzuschlagen, verkaufte der Jungbauer eines Tages seine Kühe und eröffnete 1992 auf seiner Farm einen Märchenpark. Der hat inzwischen mehr als 70 000 Besucher im Jahr, ein gelungenes Beispiel dafür, wie man die Krise der britischen Landwirtschaft zwar nicht lösen, aber mit Phantasie überleben kann. Die Attraktion der Merritown Farm ist ein Labyrinth, das *Alice-in-Wonderland Maze*.

Ein Kaninchenloch markiert den Eingang, den Ausgang eine Kaskade von Spielkarten, wie am Ende von Alices Traum. Die zentralen Charaktere von Lewis Carrolls Geschichte erscheinen im Stil der klassischen Tenniel-Illustrationen, gepflanzt in den Umrissen der Buchenhekken, die den fast zwei Kilometer langen Irrweg säumen. Ein Erdhügel in der Mitte, das Ziel, figuriert als riesige Teekanne, zugleich als Taschenuhr des Weißen Kaninchens. Die Treppenstufen-Zeiger stehen auf vier Uhr, immerwährende *tea-time*.

Wer sich planvoll verirren will, kann das nirgendwo schöner als in England. Dort gibt es mehr Labyrinthe als in jedem anderen Land Europas. Zu den ältesten zählen die Rasenlabyrinthe, zum Beispiel das von Saffron Walden in Essex. Es liegt am Rand des *common*, auf der großen Gemeindewiese, wo die Bürger im Mittelalter ihr Vieh weideten und heute ihre Hunde ausführen. Das *maze* von Saffron Walden ist ein Kreis mit vielen Schleifen und vier Eckbastionen, ein Irrweg von rund 1500 Metern, seit Jahrhunderten immer wieder ins Gras geschnitten, und damit er nicht überwächst, inzwischen mit Ziegelsteinen ausgelegt. Ursprünglich stand ein Baum im Mittelpunkt des Irrgartens, manchmal wohl auch ein Mädchen als Ziel des Wettlaufs junger Männer.

Wahrscheinlich stammt das Labyrinth von Saffron Walden aus der Zeit vor der Reformation; erstmals erwähnt wird es 1699. Jedenfalls spricht schon Titania im *Sommernachtstraum* (II,1) von den »quaint mazes in the wanton green«, den »kunstreichen Labyrinthen im munteren Grün«. Weil man sich in ihnen verirren konnte wie in den sagenhaften Mauern von Troja, hießen solche Labyrinthe im Mittelalter auch *Troy Towns.* Meist waren sie aus Stein; Rasenlabyrinthe sind eine englische Sonderform – wie Cricket, Picknick, Polo und Wimbledon, Markenzeichen einer Rasensportnation.

Ich habe Rasenlabyrinthe immer den Heckenlabyrinthen vorgezogen, die so spielerisch locken und dich dann festhalten wie fleischfressende Pflanzen. Aus Kirschlorbeer, 1833 angelegt, ist das *maze* im Garten von Glendurgan in Cornwall, aus tausend Taxusbüschen das Labyrinth von Hever Castle, in das Lord Astor seine Gäste schickte, wenn er eine Weile Ruhe haben wollte. Wirklich irre aber wird es in Longleat, wo der labyrinthomane Lord Bath postuliert: »Go to Longleat to get lost!« Im Liebesgarten aus Buxushecken und Rosenbögen in Herzform, im *Maze of Love* kommen wir mit Küssen und Scherzen leicht über die Runden. Aber Vorsicht im Eibenheckenlabyrinth, dessen spiralförmige Irrwege eine Gesamtlänge von zweieinhalb Kilometern haben. Wenige erreichen das Ziel in weniger als eineinhalb Stunden. Das *Guinness Book of Records* führte Longleat jahrelang als größtes Heckenlabyrinth der Welt, bis es 1991 übertroffen wurde, natürlich wieder von einem englischen Labyrinth, dem 7500 Quadratmeter großen *Britannia Maze* in Rugeley bei Birmingham. *Amazing, isn't it?*

St. Mary Redcliffe in Bristol, die Kirche auf den roten Klippen des Avon, hat mehr als 1100 reichverzierte Schlußsteine im gotischen Gewölbe. Einer von ihnen, im nördlichen Seitenschiff, zeigt ein vergoldetes Labyrinth. Auf diesem Relief des 15. Jahrhunderts basiert das *Water Maze* von 1984 in Bristols Victoria Park: ein Wasserlabyrinth aus elf kreisförmigen Backsteinkanälen, barfuß zu durchmessen.

In einer Tropfsteinhöhle der Mendip Hills haben die Sammler und Jäger der Post-Steinzeit eine Touristenfalle besonderer Art installiert: Englands einziges Spiegellabyrinth, das *Magical Mirror Maze* von Wookey Hole. Im selben Jahr 1991 fand auch Veronica Tritton, Herrin auf Parham Park in Sussex, daß ihre Tudorhöhle einer zusätzlichen Attraktion bedürfe, und entwarf *Veronica's Maze*. Nun folgen wir im Park von Parham den Ziegelsteinpfaden eines Labyrinths, angelegt nach dem Muster der vielverzweigten Laubwerk-Stickerei an einem der elisabethanischen Himmelbetten des Hauses. Spielregel dieser labyrinthischen Endlosschleife: Man darf nie zurück, um die andere Abzweigung zu nehmen. Ariadne, Euer Fädchen!

Dem englischen Schriftsteller Julian Barnes zufolge verbindet das Labyrinth zwei nationale Leidenschaften, die Liebe zum Garten und zu Kreuzworträtseln. Die neue Blüte dieser esoterischen Kunst, auf kleinstem Raum die größte Verwirrung zu stiften, erreichte ihren Höhepunkt 1991. Damals feierte man das 300. Jubiläum des Labyrinths von Hampton Court Palace. Wo sich einst zwischen Hainbuchenhecken eine kleine Hofgesellschaft königlich amüsierte, machen heute alljährlich 750000 Besucher das Labyrinth zum Rummelplatz. Die Hecken sind mit Eiben neu gepflanzt, die Wege asphaltiert.

Promoter des *Year of the Maze* war Adrian Fisher, ein Unternehmensberater, der 1979 mit Randoll Coate, einem pensionierten Diplomaten, die Firma Minotaur Designs gegründet hatte. Sie sind die Magier des modernen Labyrinths, Ariadnefadenzieher der schönsten, präzisesten Konfusionen. Zusammen entwarfen sie weltweit mehr als vierzig Labyrinthe, in den Parks von Burgen, Herrenhäusern und Freizeitzentren, für Privatleute, Firmen und Städte, Labyrinthe mit heraldischen, mythischen und symbolischen Motiven, aus Eibe, Buxus, Ziegel oder Marmormosaik. Auch das *Alice-in-Wonderland Maze* ist ihr Entwurf, ebenso das Heckenlabyrinth von Leeds Castle in Kent. Dort haben Coate und Fisher für 750 000 Mark eine zinnenbekrönte Topiary-Burg aus 2400 Eiben gepflanzt, aus deren Irrgängen ein unterirdischer Weg ins Freie führt, durch eine Grotte voll obskurer Ornamente, wo sich aufs eindrucksvollste Dr. Johnsons Diktum bestätigt, Grotten seien »nur etwas für Kröten«. Labyrinthe aber, versichert Adrian Fisher, seien »ideal für den heutigen Massentourismus: Ein Labyrinth schafft eine Oase der Ruhe und eine Umgebung der Schönheit, wo Menschen jeden Alters sich treffen und spielen können«.

Seit Daedalus für Kretas König Minos ein Labyrinth entwarf, in dem der Stiermensch Minotaurus hauste, versuchen wir in spielerischer Form, die Rätsel des Lebens zu lösen. Für die Gläubigen des Mittelalters waren Labyrinthe Symbole der verschlungenen Lebenspfade, der Verwirrungen der Welt auf dem Weg des Heils. Schon in der Tudorzeit wurde die mythische Denkfigur zu reinem Gartendesign. Heute sind Labyrinthe populäre Unterhaltung, ornamentale Rätsel verlorener Bedeutungen. Die neue Labyrinthomanie ist Teil städtischer Imagepflege und Tourismuswerbung. In den Labyrinthen der Freizeitparks sucht das kollektive Unterbewußtsein seine Massenrätsel. In ihrer Verbindung von Geometrie und Symbolik, *fun* und *mystery* ist die Faszination der Irrgärten ungebrochen, anachronistische Herausforderung der Phantasie im Zeitalter der Computerspiele.

Die Natur des Universums

Im Chaosgarten von Charles Jencks

Wie das Gehäuse einer Riesenschnecke liegt der Hügel im Park. Den grünen Steilhang direkt hinaufzulaufen, verbietet nicht nur die Bequemlichkeit. Zum Ritual des Schneckenhügels gehören zwei Wege, die in einer großen Doppelspirale hinauf- und wieder hinunterführen, ohne daß sie sich schneiden. Um den Gipfel zu erreichen, geht man plötzlich wieder ein Stück abwärts; um nach unten zu kommen, muß man eine Zeitlang aufwärts gehen.

»Wer sagt denn, das Komplexe sei einfach?« Der Hügeltrick gehört noch zu den bescheideneren Irritationen, mit denen Charles Jencks seine Besucher überrascht. Von der Spitze der Bellevue sieht man einen zweiten, langgestreckten Hügel. Der windet sich wie eine gewaltige, grüngeschuppte Schlange durch den Park, in auf- und abwärtssteigender Bewegung. Zu Füßen des Schlangenhügels liegen zwei serpentinenförmige Seen, die Ufer wie mit dem Kurvenlineal gezogen, wie Muster eines Paisley-Schals. »Die Wasserschlange verschlingt den Erddrachen«, erklärt Jencks sibyllinisch.

Dies ist das jüngste, bizarrste Beispiel der britischen Gartenmanie, entworfen von einem Amerikaner in Schottland, auf den Gütern seiner Schwiegermutter nördlich von Dumfries. Charles Jencks, einflußreichster Architekturkritiker der achtziger Jahre, gilt als Papst der Postmoderne: ein Begriff, den er zwar nicht erfunden, aber mehr popularisiert hat als jeder andere, in zahllosen Artikeln, Vorträgen und Büchern, als Architekturprofessor in London und Los Angeles. Hat sich der Urbanist und Theoretiker Jencks hier in Schottland, abseits der großen Städte, seinen grünen Traum erfüllt?

»England hat die geringste Anzahl von Kirchenbesuchern in der Welt, abgesehen von Ungarn, und den höchsten Prozentsatz von Privatgärten. Statt in die Kirche zu gehen, pflegen sie ihren Garten. Das ist es, worauf sie vertrauen.« Seit Jencks als Harvard-Absolvent Anfang der sechziger Jahre nach London zog, ist dies für ihn »die zivilisierteste Stadt der Welt«, vor allem ihrer Parks und Gärten wegen. Doch von William Kent und Capability Brown, den klassischen englischen Landschaftsarchitekten, mag er nichts hören und schon gar nichts mehr sehen. »Das langweilt uns alle doch außerordentlich. Sie haben es so vollendet gemacht, perfekt bis zum Überdruß, und jeder hat es ihnen nachgemacht, inzwischen sogar jeder Vorstadtgärtner.«

Nein, nicht noch einen *Englischen Garten.* Das meinte auch Maggie, seine Frau, zumal sie Schottin war. Die Idee, einen Garten mit schottischen Tartan-Mustern anzulegen, ließen sie zum Glück bald wieder fallen. Statt dessen begannen sie mit Elementen chinesischer Gartenkunst, Maggies Domäne, seit sie 1978 ein Standardwerk über das Thema geschrieben hatte. Sie war in Shanghai aufgewachsen, wo ihr Vater, Sir John Keswick, die Familienfirma Jardine Matheson führte, die älteste und größte schottische Handelsdynastie in Fernost.

Während wir den Schneckenhügel hinuntergehen, erläutert Jencks die Ideen seiner 1995 verstorbenen Frau. »Gärten sollten die Landschaft der Umgebung spiegeln. Taoistischer Geomantik zufolge sind Hügel und Berge die Gebeine der Erde, vom Atem unterirdischer Drachen vitalisiert. Diese Kräfte der Natur muß der Gärtner in bestimmte Formen bringen. Maggie entwarf die Seen, ich die Hügel. Wir arbeiteten zusammen wie Yin und Yang, sehr eng.«

Zur gleichen Zeit studierte Jencks fraktale Strukturen und Bifurkationen, Komplexitäts- und Katastrophenforschung, kurz: das Chaos und seine inflationären Theorien. Zudem beschäftigte er sich mit Kosmologie und Kosmogenese. Das Ergebnis dieser Studien: *The Architecture of the Jumping Universe*, sein jüngstes Buch – und sein Garten in Schottland.

»Ein Garten ist ein idealer Ort, um sich auf die großen Fragen einzulassen.« Doch vor den letzten Dingen, das lernte auch Jencks sehr schnell, geht es zunächst einmal um praktische Probleme. Wie zum Beispiel verhindert man, daß die Kühe Amok laufen?

Statt das Vieh mit Zäunen vom Haus fernzuhalten, unschöne Unterbrechung des weiten Parkblicks, entwarfen schon die Landschaftsgärtner des 18. Jahrhunderts sogenannte *ha-has:* überraschende, vom Haus aus unsichtbare Vertiefungen im Gelände, deren Innenseiten gemauert sind. Bei Jencks wird dieser Graben zu einem Aha-Erlebnis eigener Art: ein elliptischer *Pebble Garden* mit parallelen, mehrfach versetzten Streifen, abwechselnd aus Gras und Kies. »Die Schnitte markieren die Sprünge in der Entwicklung des Universums, von der Energie zur Materie und weiter zum Leben und zum Bewußtsein.« Das gibt uns zu denken und, da von soliden Mauern eingefaßt, den Kühen eine Grenze.

In großen Schwüngen, konvex und konkav gebogen, in sich wiederum wellenförmig gemustert läuft die Bruchsteinmauer den Hang entlang. Abgesehen von zwei alten Pappel- und Kirschbaumalleen gibt es im Jencks-Park keine geraden Linien, nur Wellen und Spiralen, Kurven und Knoten, Falten und Fraktalen – eben das, was die Chaosjünger »nichtlineare Dynamik« nennen. Selbst auf einem scheinbar konventionellen, gradlinigen Weg im Küchengarten kommt man ins Schlingern, sobald man nach unten blickt. Da hüpfen die Steine im Achterbahn-Rhythmus, als sei der Fliesenleger betrunken gewesen.

»Man muß noch Chaos in sich haben, um einen tanzenden Stern gebären zu können.« Also sprach Zarathustra, und sein Echo ist dieser Garten. Ein Chaosgarten? Jencks schüttelt amüsiert den Kopf, obwohl es ihm sichtlich gefällt, als Schöpfer des ersten Chaosgartens zu gelten. »Ich nenne es lieber *landscape of waves*, eine Wellenlandschaft. Stellen Sie sich eine elektronische Welle als visuelles Element vor, das erklärt einen Teil meines alternativen Designs.«

Charles Jencks, von seinen Kritikern als genialer Wellenreiter der neuesten Trends bezeichnet, mal postmodern, mal dekonstruktivistisch, Jencks beschreibt in seinem jüngsten Buch Wellenphänomene aller Art, vom Wasser bis zur Mikrowelt der Quantenphysik und der Atome. »Wellenbewegung ist fundamental und allgegenwärtig in der Natur.« Sogar dort, wo man sie am wenigsten erwartet, in einem Gartentor.

Jencks öffnet ein schmiedeeisernes Gitter. »Sehen Sie, wie die Welle durch das Tor wandert?« Zunächst sehe ich nur eine Reihe schwarzer, vertikaler Metallstreifen, S-förmig gekrümmt, die sich zweimal um die eigene Achse drehen. Und dann, tatsächlich, im diagonalen Zwischenraum ein Wellenrhythmus, vibrierend wie ein Op-art-Bild von Bridget Riley. »Ein Soliton-Tor«, sagt Jencks. Das führt uns zu einem seiner Lieblingsthemen, der Soliton-Welle.

Ein schottischer Ingenieur, John Scott Russell, hat sie 1834 erstmals beschrieben. Er ritt den Union Canal entlang, neben einem Kanalboot, und als es anlegte, rollten die Wellen unvermindert weiter, über Meilen hinweg, ohne sich aufzulösen. Solche Solitons behalten ihre ursprüngliche Form, auch wenn sie sich kreuzen, eine nichtlineare Wellenerscheinung, die es auch in Nervenfasern oder in der Plasmaphysik gibt. Solitons faszinieren Jencks als konstantes, universales Energiemuster. In einer Serie von zehn *Soliton Gates* hat er »diese erstaunlichen Erinnerungswellen« über den Park verteilt, Gartentore von großer ornamentaler Schönheit. Die Griffe sind mit Ammoniten bestückt, Jahrmillionen alte, spiralförmige Leitfossilien. So fühlt er sich mit einem Handgriff verbunden mit anderen, längst ausgestorbenen Kopffüßlern der Vorzeit.

Neben einer Gartenmauer, die natürlich in Wellen verläuft und in einem Schlangenkopf endet, steht das Gewächshaus. Endlich, ein paar Blumen und Pflanzen. Doch dafür hat Jencks keinen Blick. Statt dessen zeigt er mit seinem Bambusstock aufs Glasdach: $e=mc^2$, $e=hv$, Einstein, Planck, ein ganzer Dachfirst voller Formeln, weiß lackiert und reliefartig aneinandergereiht wie die Bordüre einer Häkeldecke. Heisenbergs Unschärferelation, Schrödingers Wellengleichung, der Schmetterlingseffekt von Edward Lorenz – als sei dies das Zentralinstitut der Weltvernunft und nicht das Gewächshaus von Alistair Clark. »Nein«, sagt sein Obergärtner, »für Blumen und Gemüse interessiert er sich wirklich nicht.«

Jencks lacht. Tatsächlich hat er Mühe, eine Pappel von einer Platane zu unterscheiden. Nicht um Rosen und Rhododendren geht es in diesem Garten, sondern um die Natur des Universums. Wo andere ihren Park mit antiken Statuen oder Avantgardekunst möblieren, hat Jencks naturwissenschaftliche Modelle aufgestellt: Steinpfeiler, mit großen Aluminiumkugeln bekrönt, transparente, vielschichtige Modelle des Atoms, der Gaia und des Universums.

»Wir wissen mehr als jede Generation vor uns über die Entstehung der Welt. Das Universum, in dem wir leben, ist ein einziges, kreatives, expandierendes Ereignis. Es hat eine sakrale Dimension, weit wunderbarer als jedes christliche Wunder. Theologen mögen uns erzählen, der *Big Bang* kam von Gott. So hat es der Papst jedenfalls Stephen Hawking erklärt.« Die Geschichte des Universums, meint Jencks, sei »eine Meta-Religion für alle Kulturen«. Wissenschaftler und Theologen indes seien nicht in der Lage, dafür eine überzeugende Sprache zu finden. »Daher ist es an der Zeit, daß Künstler und Architekten dieses fundamentale Terrain wieder besetzen. Das ist es, was ich mit diesem *Garden of Cosmic Speculation* herausfinden will.«

Immer tiefer führt Jencks den arglosen Gartenfreund ins Dickicht der Theorien und Symbole. Schon sind wir dem Geheimnis des Lebens ganz nah, im *DNA Garden*. Da entsteht gerade, aus Eichenblöcken gefugt und wetterfest gestrichen, die berühmte Doppelhelix-Struktur, ein Modell der Erbanlagen aller Organismen. Und weil die Zufallsdrift von Genen ja auch einer Art von Würfelspiel ähnelt, bietet Jencks seinen Besuchern ein Wegsystem an, auf dessen Feldern sie würfelnd vorrücken können wie lebende Figuren auf einem Brettspiel im Grünen.

Der DNA-Block umschließt eine winkende Hand, umgeben von Brennesseln, Disteln und weichem Gras – ein Symbol des Tastsinns. Der Geruchssinn ist noch in Arbeit: eine quadratische Vertiefung mit Thymianbeeten und einer Nasen-Skulptur, aus deren geblähten Nüstern die Fäulnisdünste kompostierenden Gemüses dringen.

Inzwischen sind wir im *Physics Garden*, dem ehemaligen Küchengarten des Hauses. *Garden of Commonsense* nennt ihn Jencks, »weil er auf dem rechten Winkel basiert«. Noch ist das Gelände eine Baustelle, von Buxushecken eingefaßt. Ja, Blumen und Kräuter sollen hier wachsen, versichert Jencks, doch das symbolische Programm interessiert ihn weit mehr. »Dies wird der Garten der sechs Sinne. Der sechste Sinn ist die Intuition. Und drüben der Tennisplatz ist der *Garden of Fair Play.*«

Nicht alles muß man ernst nehmen im Gartenkosmos von Charles Jencks. Auch die Kaninchenlöcher, in die man gelegentlich stolpert, hat er mit tieferer Bedeutung ausgestattet: *Black Holes*, die schwarzen Löcher des Universums, durch die bekanntlich schon Alice ins Wunderland fiel.

Der Weg zum *Nonsense Garden* führt über Wiesen voller Primeln und Narzissen, Perlhyazinthen und Glockenblumen. Fasane trompeten im Gelände, in den Buchen krakelen die Krähen. Auf einem Hügel zwischen den Bäumen steht ein seltsames Gebäude, mit roten und grünen

Eisenträgern, gelben Fensterrahmen, blauen und pinkfarbenen Röhren. »Das ist *The Nonsense*«, erklärt Jencks, »entworfen von James Stirling und in Stuttgart gebaut, die Neue Staatsgalerie.«

Das Modell dieses Museums oder besser: eine Collage seiner charakteristischen Materialien und Stilelemente, 1986 für eine Stirling-Ausstellung in London errichtet, reservierte Jencks sich anschließend für seinen Park. Diese Trophäe der Postmoderne ergänzte er durch einen Treppenanbau mit kurios versetzten Stufen. Oben angekommen, um die schöne Aussicht zu genießen, stößt man als erstes in Augenhöhe gegen einen Stirling-Balken.

Beeindruckt von soviel postmoderner Komik begeben wir uns auf den Rückweg. Zum Glück hat Jencks einen anderen Gartenscherz noch nicht verwirklicht: »Ein Teil des Wegs im *Nonsense Garden* soll einmal unter Ihren Füßen schwanken.« Wie das zu machen sei, überläßt er seinem Obergärtner. »Er glaubt«, sagt Mr. Clark, »daß man alles, was er sich ausdenkt, auch in die Praxis umsetzen kann.« Immerhin hat Alistair Clark schon ganz andere Probleme gelöst. Zum Beispiel das Rasenmähen an den Steilhängen des Schnecken- und Schlangenhügels.

Es liegt in der Natur des Chaos und seiner Designer, daß es beständig wächst. Schon haben die Jencks-Visionen vom Garten auf das Haus Lady Claires übergegriffen. »It goes way over my head«, kommentiert die alte Dame gelassen das Treiben ihres Schwiegersohns. Der hat die ehemaligen Gewehr- und Vorratskammern der viktorianischen Villa in einen ockergelben Raum voller Kurven verwandelt, mit wellenförmigen Möbeln, Soliton-Tischen und einer Decke, aus deren Serpentinen die Katastrophentheorie dem Betrachter überzeugend zu Kopfe steigt. Keine Frage, Jencks ist der originellste Innenarchitekt des Chaoskults. Selbst Lachs und Wels, in Streifen geschnitten, werden zu Doppelhelix-Spiralen gerollt, bevor man sie den Gästen serviert.

Zum Schreiben zieht Jencks sich in sein Gartenatelier zurück, ein Folly von 1770. Alles ist achteckig in diesem Pavillon: der Raum, die Fenster, der große Arbeitstisch. Darüber wölbt sich eine fraktale Kuppel. Unterdes sorgen vier Gärtner dafür, daß draußen das Chaos nicht überhand nimmt. Was der Garten gekostet hat? »Gar nicht so teuer«, sagt Jencks. »Für einen so schönen Park bekämen Sie nicht einmal einen halben Hockney.«

Ende der siebziger Jahre hatte er sich in London, im vornehmen Stadtteil Kensington, ein viktorianisches Haus gekauft und nach allen Regeln seiner Architekturtheorie umgebaut zu einer *cosmotecture*. Eine versenkbare Glaswand gibt den Blick frei auf einen kleinen Garten hinter dem Haus, auch er mit symbolischen Formen und kryptischen Botschaften vollgestopft wie eine Sachertorte. Die vier Jahreszeiten und die vier Elemente, die Kontinente, Kulturepochen, kosmische Äonen, das alles hat Jencks im Zeichensystem seines *Time Garden* programmiert, als sei die Natur eine universale Zeitmaschine.

Am Ende des Gartens, von einer Säulen-Pergola bekrönt, steht eine verspiegelte Tür mit der Aufschrift *THE FUTURE* und, klein darunter, *IS BEHIND YOU.* »Sehen Sie«, sagt Jencks, »die Zukunft liegt hinter Ihnen.« Die Tür führt nicht etwa in den nächsten Garten, sie spiegelt nur das Haus und den Besucher – ein Garten-Concetto über die Illusionen der Postmoderne.

Nachwort

Von englischer Gartenlust

Als erster Engländer bekam Rudyard Kipling 1907 den Nobelpreis für Literatur. Das Preisgeld investierte er in seinen Garten in Sussex. Er legte sich einen Teich an und kaufte ringsum viel Land, um es unbebaut zu erhalten, als Grüngürtel seines Refugiums Bateman's. An der Wand seines Arbeitszimmers findet der Besucher Kiplings Garten-Credo, aquarelliert und in Versen: »The Glory of the Garden«, eines der populärsten englischen Gedichte, eine zweite Nationalhymne. »Our England is a garden«, heißt es da, jeder kann gärtnern, kein Bein ist zu dünn dafür und kein Kopf zu dick, »schon Adam war ein Gärtner«. Kein Zweifel, Adam war Engländer.

Kiplings Apotheose des Gartens, biblisch verwurzelt und patriotisch verklärt, gehört zur Nationalfolklore wie der Regen, der die Insel der Gärtner so reichlich segnet, als sei's ein Zeichen des Himmels. »Gott der Allmächtige pflanzte als erster einen Garten, und dies zu tun ist in der Tat eines der reinsten Vergnügen des Menschen«, schrieb der Philosoph Francis Bacon 1625. Seither hat sich dieses Vergnügen ausgewachsen zu einem veritablen Faktor der Volkswirtschaft.

Gärtnern, noch vor Sport, ist Englands größte Freizeitindustrie, der Volkssport Nummer eins. Seit Jahrzehnten gibt es keine populärere Radiosendung als »Gardener's Question Time«. Naturgemäß gibt es auch nirgendwo auf der Welt so viele Gartenunfälle wie in England. Durch Elektroschock am Rasenmäher, explodierende Barbecues, Killerwespen und giftige Pflanzen sterben im Jahr durchschnittlich fünfzig Menschen in britischen Gärten, und 500 000 werden verletzt. So die Statistik der Royal Society for the Prevention of Accidents, veröffentlicht im nassen Sommer 1998 vom *Independent on Sunday* mit der Schlagzeile »Deadly perils in the British garden«. Doch solche Gefahren können die englische Gartenlust nicht erschüttern, sie gehören nun einmal dazu wie die Schlange zum Paradies.

Wo sonst in Europa genoß das Gärtnern so pragmatisch die ungeteilte Gunst des Volkes und der Intellektuellen, der Bürger und des Adels? Friede den Hütten, Krieg den Palästen, tönte es vom Kontinent. Cottagegärten, feudale Parks: Aus dem englischen Echo sprach der Commonsense einer Gesellschaft, die sich mit ihren Klassenunterschieden auch im Grünen arrangierte. Daß lange vor der Französischen Revolution ein König in London seinen Kopf verlor, war ein Betriebsunfall. Tatsächlich fand die *Glorious Revolution* im Garten statt. Seit dem frühen 18. Jahrhundert fegte der *Furor hortensis*, wie die Zeitgenossen es nannten, Britanniens Barockgärten hinweg, und befreit vom absolutistischen Regelzwang zeigte sich die Natur von ihrer scheinbar natürlichsten Seite, als Landschaftspark. So wurde der Englische Garten zum Begriff, zur europäischen Mode, ein Stück Freiheit *made in Britain* wie das Parlament.

»Gärten werden mit den Empfindungen des Dichters

und den Augen des Malers gestaltet«, erklärte Capability Brown, der die Landschaft ummodellierte, als sei er Gott und Maulwurf in Personalunion. Sein Zeitgenosse Horace Walpole, Schriftsteller und Sohn eines Premierministers, gab der neuen Gartenbewegung den ästhetischen Segen: »Poetry, painting and gardening, or the science of landscape, will forever by men of taste be deemed three sisters, or The Three New Graces, who dress and adorn nature.« Auch darin, in der Gleichstellung der grünen Kunst mit den anderen schönen Künsten, ging England dem übrigen Europa voran.

Und heute? In *Cool Britannia* bröckeln die Traditionen. Aber die Gartenkunst floriert. Inmitten von BritPop und Millenniumgetöse erschien 1998 ein historischer Roman über einen Gärtner des frühen 17. Jahrhunderts, John Tradescant. Er war Hofgärtner, Botaniker, Weltreisender, auf Pflanzenjagd bis Algerien und Archangelsk. Nach ihm ist die Dreimasterblume in unseren Gärten benannt, die Tradeskantie, und was er sonst noch sammelte, ist in einer wahren Wunderkammer des Ashmolean Museums in Oxford zu sehen. *Earthly Joys* heißt Philippa Gregorys Roman über die irdischen Vergnügen dieses größten Gärtners seiner Zeit, eine Geschichte höfischer Intrigen und exotischer Raritäten. Auf dem Londoner Friedhof von St. Mary-at-Lambeth ist John Tradescant begraben, zusammen mit seinem Sohn, der auch John hieß und Gärtner war. Die Kirche St. Mary's ist heute *Museum of Garden History*, der Kirchhof ein kleiner Botanischer Garten.

Groß ist das Bedürfnis der Engländer, ihre Toten nicht nur mit Blumen, sondern gleich mit Gärten zu ehren. Gärten, keine Frage, sind erfreulicher als die meisten Sockelmonumente. Doch hat die Inflation der *Memorial Gardens* auch exzentrische Züge. Seit 1997 gibt es einen *Gurkha Memorial Garden* mit ausschließlich nepalesischen Pflanzen, ein Stück Himalaja in Hampshire, zur Erinnerung an diese Spezialtruppe der britischen Armee. Auch die Frauen von Greenham Common, die jahrelang ein Stück Land in Berkshire besetzt hatten aus Protest gegen die dort stationierten Atomraketen, fordern nun einen Garten, zur Erinnerung an ihren Friedenskampf. Wahrhaft bizarr aber war der Ruf nach einem Garten für die tote Prinzessin Diana, die sich nicht im geringsten für Gärten interessierte. Allerdings, so heißt es, habe Prinz Charles in Camilla Parker Bowles' Gemüsegarten um Dianas Hand angehalten. Nun sollten mehr als zehn Hektar von Kensington Gardens umgestaltet werden zu einem riesigen »horticultural shrine in her honour«. Das konnte eine Bürgerinitiative gerade noch verhindern – wahrscheinlich die erste *Stop the garden*-Bewegung im Königreich der Gärtner.

Seit fast dreißig Jahren lebt der französische Star-Koch Raymond Blanc nun unter den Engländern. Introvertiert und kühl seien sie, sagt Monsieur Blanc, aber voller Romantik und Leidenschaft, und die drückten sie aus durch ihre Gärten: »They don't do it through food or sex but if you walk into their gardens you can see it pouring out.« Tief reichen die Wurzeln dieser Leidenschaft in den kollektiven Humus der Nation. Vor allem drei Institutionen haben die englische Gartenlust wesentlich befördert: die Royal Horticultural Society, der National Trust und das National Gardens Scheme.

Schon John Evelyn, Tagebuchschreiber und Gartenenthusiast des 17. Jahrhunderts, träumte von einem »Elysium

Britannicum«, einer »Society of the Paradisi Cultores«. Populärer Ableger dieser Idee ist die 1804 gegründete Royal Horticultural Society. Wer wirklich *potty about plants* ist, besucht die ständige Mustergartenschau der *RHS*, die rund 100 Hektar großen Wisley Gardens in Surrey. Was immer es an neu gezüchteten Blumen und Pflanzen gibt, von dort verteilt es sich mit Gütesiegel in die Gartenzentren und Vorgärten im ganzen Land. In ihrem Hauptquartier in Westminster hütet die Royal Horticultural Society eine der bedeutendsten botanischen Bibliotheken der Welt, die Lindley Library. Höhepunkt des königlichen Vereins- und Gartenjahres aber ist die Chelsea Flower Show im Mai. Sie gehört zum *social calendar* wie Glyndebourne, Ascot oder Wimbledon, eine Londoner Fashion Week der Gartenfans, so populär, daß die *RHS* inzwischen noch eine weitere organisiert, die Hampton Court Flower Show im Juli.

Die Royal Horticultural Society hat rund 250 000 Mitglieder. Mehr als zehnmal so viel hat der National Trust, Englands einflußreichste Umwelt- und Denkmalschutzorganisation. Seit seiner Gründung 1895 restauriert und erhält der Trust auch historische Gärten; heute sind es 230, darunter solche Klassiker wie Sissinghurst, Nymans und Stowe, Hidcote und Biddulph Grange. Auch eine der meistfotografierten englischen Landschaften ist ein Garten des National Trust, Stourhead Garden. Stourhead hat in der Saison täglich etwa tausend Besucher, mehr als 250 000 im Jahr. So hatte sich der Londoner Bankier Henry Hoare das eigentlich nicht vorgestellt, als er um 1740 in Stourhead seine Gartenruhe plante, mit der in Stein gemeißelten Devise von Horaz. »Beatus ille qui procul negotiis – glücklich, wer fern von Geschäften lebt.«

Doch schon damals wurden Gärten besichtigt, sie waren Teil der Kavalierstour wie die Gemäldegalerien der Herrenhäuser. So schrieb Jacob Friedrich von Bielfeld, 1741 als Gesandter des preußischen Königs am englischen Hof: »Allein, ich glaube, daß alle Reisende (sic) mit mir einstimmig sein werden, daß es in Europa keine Gärten gibt, deren Grundlage weitläufiger wäre, oder deren Entwurf mehr ins Große ginge, als die Gärten und Parks der Engländer.« Kein Reisender seither, kein Reiseführer, der die englischen Gärten nicht pries, von Fürst Pückler-Muskau bis Günter Kunert, von Johanna Schopenhauer bis Henry James.

Heute wird es schon etwas eng in manchen Gärten. In Sissinghurst gibt es *timed tickets*, terminierten Eintritt wie zur Monet-Ausstellung der Royal Academy. Diese Londoner Impressionistenschau war der Ausstellungsrekord des Jahres 1999 – als sei der Alte von Giverny der malende Schutzpatron der britischen Gärtner. Dabei wächst die Zahl der Menschen, die Gärten besuchen, doppelt so schnell wie die der Besucher von Museen und historischen Sehenswürdigkeiten, fand eine Studie des Britischen Fremdenverkehrsamts heraus. Dort registriert man jährlich rund 17 Millionen Gartenbesucher. Zu diesem neuen *Furor hortensis* hat, neben dem National Trust, noch eine andere Privatinitiative wesentlich beigetragen, das National Gardens Scheme.

Unter diesem Zeichen finden sich Tausende von Engländern bereit, an bestimmten Tagen des Jahres ihre Privatgärten besichtigen zu lassen. Das Eintrittsgeld fließt wohltätigen Zwecken zu: der AIDS-Stiftung, den Samaritern, insgesamt mehr als 700 verschiedenen karitativen

Einrichtungen. Wie erfreulich, wie englisch, diese Verbindung von *charity* und Gartenlust. Und wie paradox: Ausgerechnet im Land der *privacy* gönnt man wildfremden Besuchern den Blick in die grüne Stube. Das National Gardens Scheme, so die *Times*, »hat uns zu einer Nation von Garten-Voyeuren gemacht«.

Garden visiting ist unter Engländern *a serious sport.* Punkte sammelt nicht, wer Ableger klaut, sondern wer einen Garten besucht, der nur an einem einzigen Nachmittag im Jahr geöffnet ist, besser noch: zum ersten Mal überhaupt. Solche Trouvaillen findet man im *Yellow Book*, dem dottergelben, alljährlich aktualisierten Adreßbuch des National Gardens Scheme. Rund 3500 Privatgärten gehören inzwischen dazu. Manche der schönsten Gärten allerdings sind nicht einmal dort verzeichnet. Denn das *Yellow Book* ist auch ein beliebtes Handbuch für Diebe. Es war übrigens ein Rechtsanwalt, Sir Frank Crisp, der im Rahmen des National Gardens Scheme 1927 als erster seinen Garten öffnete, für *sixpence* Eintritt. Dieser Garten in Henley-on-Thames hatte gleich alles, was wir uns wünschen, botanische und exzentrische Qualitäten: Gartenzwerge, alpine Pflanzen und mittendrin, aus 20 000 Tonnen Kohlensandstein errichtet, ein maßstabsgetreues Modell des Matterhorns.

Wenn das *Yellow Book* Sie eines Tages auch nach Bramfield führt, lieber Leser, ein Dorf in Suffolk, dann wundern Sie sich nicht über die wellenförmige Backsteinmauer, die wie ein Betrunkener neben der Straße herläuft. Solche *crinkle-crankle walls* waren eine Mode in Suffolker Gärten des 18. und 19. Jahrhunderts. In den Nischen dieser Serpentinenmauern finden Obstbäume und Blumen Schutz und zusätzliche Wärme. Der *crinkle-crankle wall* gegenüber liegt die Kirche von Bramfield. Wer nun dem Schöpfer aller Gärten auf seinen Knien dankt, der kniet dort fast schon im Paradies: auf grünen, blühenden *kneelers*, wiesenweichen Kniekissen, von den frommen Gärtnerinnen des Dorfes bestickt mit lauter Blumen, mit Narzissen, Rosen, Mohn und Margeriten, mit Geißblatt, Veilchen und Fritillaria.

Wir sind aus einem Garten vertrieben, so erzählt es die biblische Geschichte. Seither suchen wir das Paradies. Auf dem Weg dorthin gibt es die englischen Gärten.

Adressen und Öffnungszeiten

Unerläßlich für Englandreisende, die *garden visiting* als *serious sport* betreiben: *The Good Gardens Guide*, mit Kurzbeschreibungen von mehr als 1000 britischen Gärten (Ebury Press, Random House, 20 Vauxhall Bridge Road, London SW1V 2SA), und das sogenannte *Yellow Book*, die ebenfalls alljährlich aktualisierte Broschüre *Gardens of England and Wales*, mit Adressen und Öffnungszeiten von mehr als 3500 Privatgärten (National Gardens Scheme, Hatchlands Park, East Clandon, Surrey GU4 7 RT. Das schottische Pendant: *Scotland's Garden Scheme*, 31 Castle Street, Edinburgh EH1 2EL). Preiswerte Unterkunft mit Einblick in den Privatgarten der Gastgeber bietet Sue Colquouns Broschüre »Bed and Breakfast für Garden Lovers« (BBGL, Handywater Farm, Sibford Gower, Banbury, Oxfordshire OX15 5AE).

Royal Botanic Gardens, Kew, Richmond, Surrey, Tel. 0181-9401171. Täglich 9.30, bis 18.30 Uhr, im Winter bis 16 Uhr.

Derek Jarmans Garten: Dungeness, Romney Marsh, Kent. Privat.

Sir Geoffrey Jellicoe: Sutton Place, Guildford, Surrey, Tel. 01483-504455. Nur nach Voranmeldung. – Shute House, Donhead St. Mary, Shaftesbury, Wiltshire. Privat, zu besichtigen nur im Rahmen der Gartenreisen von Border Lines, St. Thomas Street, Lymington, Hampshire, Tel. 01590-677994.

Gertrude Jekyll: Hestercombe Gardens, Cheddon Fitzpaine, Taunton, Somerset, Tel. 01823-413923. Täglich 10 bis 18 Uhr. – Barrington Court Garden, Barrington, Ilminster, Somerset, Tel. 01460-241938. April bis Oktober täglich außer Freitag 11 bis 17.30 Uhr. – Munstead Wood, Heath Lane, Busbridge, Godalming, Surrey: Privat.

Painshill Park, Portsmouth Road, Cobham, Surrey, Tel. 01932-868113. April bis Oktober täglich außer Montag 10.30–18 Uhr, November bis März täglich außer Montag und Freitag 11–16 Uhr.

Ivan Hicks: The Garden in Mind, Stansted Park, Rowland's Castle, Hampshire, Tel. 01705-413149. Geöffnet nur sonntags, 14 bis 17.30 Uhr. – Groombridge Place, Tunbridge Wells, Kent, Tel. 01892-863999. April bis Oktober täglich 10 bis 18 Uhr. – West Dean Gardens, West Dean, Chichester, Sussex. Tel. 01243-818210. März bis Oktober täglich 11 bis 17 Uhr.

Heligan Gardens, Pentewan, St. Austell, Cornwall, Tel. 01726-844157. Täglich 10 bis 18 Uhr.

Oxfords Collegegärten: Die Öffnungszeiten sind fast so unberechenbar wie das Wetter. Am besten fragt man an Ort und Stelle die Pförtner. Zuverlässig geöffnet: Oxford Botanic Garden, gegenüber Magdalen College, täglich 9–17 Uhr.

Rousham Park, Steeple Aston, Bicester, Oxfordshire, Tel. 01869-347110. Täglich 10 bis 16.30 Uhr.

Kräutergärten: The Shrewsbury Quest, Abbey Foregate, Shrewsbury, Shropshire, Tel. 01743-243324. Täglich 10–

17 Uhr. – Congham Hall, Grimston, King's Lynn, Norfolk, Tel. 01485-600250. April bis September täglich außer samstags 14–16 Uhr (für Hotelgäste immer zugänglich). – Le Manoir aux Quat' Saisons, Great Milton, Oxfordshire, Tel. 01844-27881. – Mrs. Yate's Herb Garden, Nigel House, High Street, Wilburton, Cambridgeshire, Tel. 01353-740824. Mai bis September fast täglich 10 bis 18 Uhr (Voranmeldung ratsam).

Topiary und Labyrinthe: Adressen der mehr als 100 öffentlich zugänglichen Labyrinthe in »The British Maze Guide« von Adrian Fisher und Jeff Saward, c/o Caerdroia, 53 Thundersley Grove, Thundersley, Essex, Tel. 01268-751915. – Gärten mit Topiary (Auswahl): Levens Hall, Kendal, Cumbria, Tel. 015395-60321. April bis Mitte Oktober Sonntag bis Donnerstag 11 bis 17 Uhr. – Great Dixter, Northiam, Sussex, Tel. 01797-252878. April bis Mitte Oktober täglich außer Montag 14 bis 17 Uhr. – Packwood House, Lapworth, Solihull, Warwickshire, Tel. 01564-782024. März bis September Mittwoch bis Sonntag 13.30 bis 18 Uhr, Oktober 12.30 bis 16.30 Uhr. – Castle Ashby Gardens, Castle Ashby, Northamptonshire, Tel. 01604-696696. Täglich 10 Uhr bis zur Dämmerung.

Charles Jencks: Privat.

Literaturhinweise

Brown, Jane: *Gardens of a Golden Afternoon.* The Story of a Partnership: Edwin Lutyens and Gertrude Jekyll, London 1982

Derek Jarmans Garten. Mit Fotografien von Howard Sooley, Berlin 1996

Desmond, Ray: *Kew.* The History of the Royal Botanic Gardens, London 1995

Fisher, Adrian & Georg Gerster: *The Art of the Maze,* London 1990

Fleming, Laurence & Alan Gore: *The English Garden,* London 1979

Gallup, Barbara & Deborah Reich: *Geformte Pflanzen,* Köln 1989

Gallwitz, Esther: *Kleiner Kräutergarten.* Kräuter und Blumen bei den Alten Meistern im Städel, Frankfurt 1992

Gray, Ronald & Ernest Frankl: *Oxford Gardens,* Cambridge 1987

Herling, Reiner: *Klassische englische Gärten des 20. Jahrhunderts,* Stuttgart 1994

Hunt, John Dixon & Peter Willis: *The Genius of the Place.* The English Landscape Garden 1620–1820, London 1975

Jekyll, Gertrude: *Pflanzenbilder aus meinem Garten,* Stuttgart 1988

Jencks, Charles: *The Architecture of the Jumping Universe*, London 1995
Landsberg, Sylvia: *The Medieval Garden*, London 1995
Smit, Tim: *The Lost Gardens of Heligan*, London 1997
Spens, Michael: *The Complete Landscape Designs and Gardens of Geoffrey Jellicoe*, London 1994

Nachweise

Die Texte wurden für diese Ausgabe erweitert und aktualisiert.

Flora im Kristallpalast. *Kew Gardens* (GEO Special London, 1998). Mit freundlicher Genehmigung der GEO-Redaktion

Die Blumen des Toten. *Derek Jarman in Dungeness* (ZEITmagazin Nr. 37, 8.9.1995)

Sir Geoffreys kleine Wassermusik. *Zwei Jellicoe-Gärten: Sutton und Shute* (unveröffentlicht)

Königin der Blumenrabatten. *Gertrude Jekyll* (Frankfurter Rundschau, 13.4.1996)

Ein Platz für Zier-Eremiten. *Painshill Park in Surrey* (aus: Peter Sager, *Südengland,* Köln 1996)

Hummer im Grünen: Ivan Hicks. *Eine Geschichte aus drei Gärten* (DIE ZEIT, 18.3.1999)

Warum ist Heligan so sexy? *Das Gartenwunder von Cornwall* (DIE ZEIT, 16.7.1998)

Spielwiesen der Gelehrtenrepublik. *Collegegärten in Oxford* (unveröffentlicht)

Einer sprang über den Gartenzaun. *William Kent in Rousham* (unveröffentlicht)

Im Rausch der Düfte. *Kräutergärten, kriminell und kulinarisch* (DIE ZEIT, 5.11.1998)
Figuren immergrüner Phantasie. *Von Irrgärten und Heckenschneidern* (unveröffentlicht)
Die Natur des Universums. *Im Chaosgarten von Charles Jencks* (ZEITmagazin Nr. 37, 6.9.1996)
Nachwort. *Von englischer Gartenlust* (unveröffentlicht)

1 = Kew Gardens
2 = Derek Jarmans Garten
3 = Sutton Place
4 = Shute House
5 = Hestercombe Gardens
6 = Barrington Court Garden
7 = Munstead Wood
8 = Painshill Park
9 = Stansted Park
10 = Groombridge Place
11 = West Dean Gardens
12 = Heligan Gardens
13 = Oxford Botanic Gardens + Collegegärten
14 = Rousham Park
15 = Congham Hall
16 = Le Manoir aux Quat' Saisons
17 = Abbey Forgate
18 = Levens Hall
19 = Great Dixter
20 = Packwood House
21 = Castle Ashby Gardens
22 = Mrs.Yate's Herb Garden

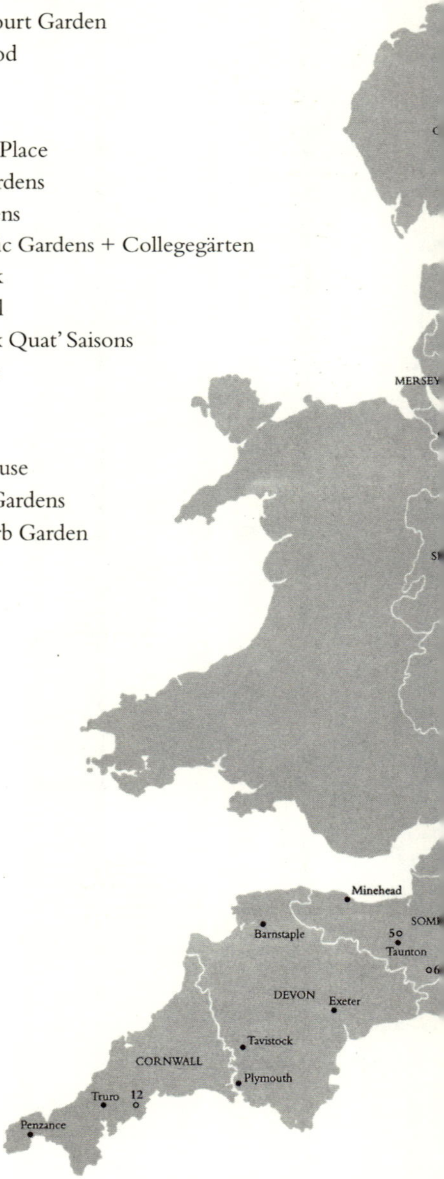